内蒙古发展报告

（2009～2010）

杨臣华　主编

经济管理出版社

图书在版编目（CIP）数据

内蒙古发展报告(2009~2010)/杨臣华主编.—北京：
经济管理出版社，2010.8
ISBN 978-7-5096-1053-4

Ⅰ.①内… Ⅱ.①杨… Ⅲ.①地区经济—经济发展—
研究报告—内蒙古—2009~2010②社会发展—研究报
告—内蒙古—2009~2010 Ⅳ.①F127.26

中国版本图书馆 CIP 数据核字(2010)第 139193 号

出版发行：**经济管理出版社**

北京市海淀区北蜂窝 8 号中雅大厦 11 层

电话：(010) 51915602 邮编：100038

印刷：北京银祥印刷厂 经销：新华书店

组稿编辑：曹 靖 责任编辑：曹 靖

技术编辑：杨国强 责任校对：蒋 方

720mm × 1000mm/16 10.5 印张 172 千字

2010 年 8 月第 1 版 2010 年 8 月第 1 次印刷

定价：25.00 元

书号：ISBN 978-7-5096-1053-4

序

　　进入新世纪以来，特别是西部大开发战略的实施为内蒙古自治区（以下简称内蒙古）经济发展提供了历史性的发展机遇，内蒙古迅速在中国西部崛起，2002 年以来 GDP 增速持续保持全国第一，书写了中国西部经济增长的新传奇，被称为中国西部开发中的"内蒙古现象"。就内蒙古而言，区内外一些著名的经济学家分析评述这种奇迹的基础推动力，主要表现在三个方面：首先，内蒙古在"西部大开发"、"振兴东北老工业基地"等国家大的政策背景下，准确定位了适宜区情的战略取向，成为推动经济高速增长的一个重要因素。从国内外发展经验来看，一个好的政策可以促进一个地区的高增长；一个适宜自己的政策可以促进这个地区的持续增长。其次，经济增长的资本投入和全要素生产率两个重要变量的增长导致内蒙古经济加速发展。内蒙古经济增长一方面靠资本投入，另一方面靠提高全要素生产率。全要素生产率的改善，表明市场配置效率明显提高，规模效应和基础设施支持能力显著增强，技术创新能力不断改善。最后，经济体制改革完成了投资主体的转型过程，极大地激发了非政府投资活力。内蒙古高于全国的非政府投资源于把央企的资本密集、科技密集、人才密集，特别是在全国乃至全球配置资源的优势与自身优势结合起来，很好地利用了优势资源。

　　然而，到了"十一五"期末，国际国内经济环境已经发生了新的变化，内蒙古的经济和社会不得不又一次进入新的战略转型的关键时期。首先，内蒙古经济持续发展面临最主要的挑战是发展方式。一方面，伴随着哥本哈根气候大会的结束，国际碳汇贸易规则的提出，节能减排和应对全球气候变化的压力越来越大。"十二五"期间国家将在努力降低能源消耗水平和污染物排放的同时，增加对各地温室气体排放的限制，并对各地提出温室气体减排的约束性要求。以高碳产业应对发展低碳经济、建设低碳城市、构建低碳生活，内蒙古将面临比传统意义上的结构调整内涵更为广泛、任务更为艰巨、形势更为严峻的考验。另一方面，在最近国际金融危机的环境下，被许多人认为成功的发展方式在地区经济中也凸显出较强的不可持续性。现有的发展方式存在的重大缺陷都将直接影响未来一个时期经济社会的可持续增长。其次，内蒙古处于工业化中期向工业化后期转化的关键时期，也是城镇化加速发展的重要时期，内蒙古的发展更面临着全面建设小康社会攻坚任务的关键时期。因此，"从外需到内需，从高碳到低碳，由国强到民富"将在下一个发展阶段使内蒙古经济和社会面临着观念、结构、方式、体制等更多深层次变化。

管理学上最新推崇的一种理论叫"弯道赶超"理论。本意是指两个同向奔跑的运动员，落后的一位若在弯道处能够把握压里道的机会才会更容易超过前一运动员，而在直道上实现赶超反而不那么容易。弯道上发生的这种逆转，被称作"弯道现象"，由此衍生的跨越发展的理论便被称为"弯道赶超"理论。这一理论映射到内蒙古的经济社会发展中，就是要善于把握经济转型这个"弯道"中所蕴涵的重大历史机遇。利用新的发展阶段经济转型的弯道所创造的超越机会，迅速采取一些新的战略措施，在走过弯道后不仅使经济实力仍然保持快速提升，GDP的"含金量"位次亦能同步赶上发达地区。

《内蒙古发展研究文库》是内蒙古自治区发展研究中心每一个年度部分研究成果的集结。2008年度，我们出版发行的《内蒙古发展研究文库》，集结了研究探讨政府财政如何更好地推进内蒙古"三化"问题、在工业化发展进程中始终伴随的生态环境可持续发展能力问题、推进内蒙古工业化和信息化融合问题、解析内蒙古奶业发展机制问题等方面的研究成果，在2009年度相关部门进行的"十二五"规划咨询研究中发挥了重要作用。2009年度的《内蒙古发展研究文库》重点展示的研究成果有《内蒙古发展报告（2009~2010)》、《内蒙古建筑业发展与战略研究》、《内蒙古"十二五"发展战略研究》和《内蒙古产业集群战略》。这两套文库从不同侧面反映了该领域的发展轨迹与内在状态以及内蒙古在新的战略转型时期将面临的一些现实问题。这些著作起到的更多是经济发展进程中的研究成果共享与思想传承作用。我们相信本套文库的出版，可以为更准确地反映"内蒙古现象"的内在机理，积极把握经济转型新阶段的"弯道"所创造的超越机会，为研究制定内蒙古应对经济环境变化的适应性战略规划、战略措施以及相关政策咨询工作提供更深层次的研究基础，也可提供给更多关心内蒙古经济社会发展的人士参阅。

2010 年 4 月 1 日

目　　录

2009 年内蒙古经济走势分析和判断

2009 年我国宏观经济面临的国内外环境将更加趋紧，我国经济下行风险超过预想。随着国际金融危机的日趋恶化，通过金融、贸易等多种传导机制对我国的经济增长、企业效益、财政收入和居民收入等方面产生的影响逐步显现，目前我国经济增长减速、投资和消费减少、企业效益下滑的状况已从沿海向内地、从出口行业向其他行业、从中小企业向大企业蔓延，这种态势日趋严重。据国内外多家权威机构预测，2009 年我国经济将呈现出"V"形增长轨迹。基于对我国经济走势的上述判断，2009 年内蒙古经济发展将面临巨大挑战，全年经济形势不容乐观。

一、我区经济走势的总体判断

2008 年，内蒙古经济基本保持了平稳较快增长的态势，预计地区生产总值增长 17.5%。但经济增长呈现出罕见的"前高后低"现象，进入第四季度以来，金融危机开始影响我区实体经济，经济增长明显下滑，而且这种下行趋势还在延续。据此预计，2009 年内蒙古经济走势也大体呈"V"形，但全年经济增长将呈现"前低后高"现象。这一判断主要基于以下理由：

（1）我区生产总值增速季度变化滞后于全国。我区年度经济走势和全国基本一致，但从较短时间内看，生产总值增速季度变化不尽相同，总体上我区生产总值变化滞后于全国 3 个月左右（见图 1）。因此，预计 2009 年我区经济增速将在第三季度触底，第四季度开始恢复性缓慢增长。

（2）我区产业结构决定经济回暖期滞后。我区煤炭、电力、钢材等上游产业比重高的产业结构特点，决定了在经济下行阶段我区经济走势变化要滞后于全国，因此直至进入 2008 年第四季度金融危机对实体经济的影响才开始显现。但在经济上行阶段，市场需求扩大由下游产业向上游产业进行传导的时间要短于经济下行阶段的传导时间。基于上述分析，预计随着 2009 年三季度国内需求的逐步扩大，我区能源、原材料等主要产品的市场需求也会在第四季度开始扩大，从而带动整体经济缓慢增长。

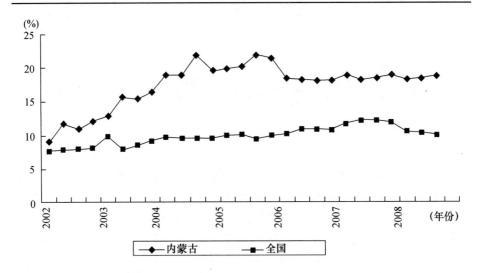

图1 2002年以来内蒙古和全国生产总值增速季度变化比较

资料来源：2002～2008年《内蒙古统计月报》。

（3）消化库存和企业完全恢复产能所需时间决定我区经济回暖将滞后于全国。受国内外需求大幅下降影响，我区多数能源、原材料企业产品销售困难，库存量大幅增加。2008年10月份，包钢钢材实物产销率仅为88.28%，商品坯材库存达到65万吨，比年初增加17万吨，而且未来一段时间内，库存还将继续增加。因此，即使2009年第三季度全国经济开始恢复增长，我区部分原材料企业也需花一段时间消化完大量库存才能恢复正常生产。从我区电力等企业生产的特点看，由于电力机组恢复正常运转需花费一段时间，因此即使国内用电需求大量增加，电厂完全恢复正常生产也将滞后一段时间。

二、三次产业发展趋势

（一）农牧业生产形势不容乐观

2008年，良好的气候条件加上国家各项惠农政策的强力支持，我区农牧业生产喜获特大丰收。粮食产量达到了创纪录的420亿斤，较2007年增产58亿斤，实现了连续5年大幅度增产；肉类总产量220万吨，较2007年增加14万吨，也创历史新高；油、菜、蛋、奶也实现了全面增产。第一产业生产总值达到847亿元，同比增长8%，是近年来农牧业经济运行最好的一年。

2009年，金融危机的影响仍在持续，我区农牧业生产充满了不确定性，既有有利条件，又有许多困难。

　　有利条件主要是强有力的政策支撑。从目前已有的政策信号看，政策支撑包括这样四个方面：一是加大收储托市。为了缓解国内供求矛盾，稳定农产品价格，国家加大了保护价收购的力度。二是提高保护价稳农。为了提振农民种粮的信心，国家对 2009 年的农产品保护价格大幅度提升。三是建立化肥等农资价格上涨与提高农资综合直补联动机制，同时进一步扩大农机具补贴范围和种类，提高补贴标准。四是放开适量出口缓解国内供求。这些政策信号将极大地提振农牧民信心，调动农牧民生产积极性，对 2009 年农牧业生产稳定发展具有积极意义。

　　不利条件主要表现为农产品价格面临着巨大的下行压力。

　　首先，从价格走势看，2008 年粮食价格指数 1～9 月小幅增长后，10 月和 11 月环比分别下降了 0.4% 和 0.2%；肉禽及制品 2 月份以后价格连续下跌，其中猪肉价格到 11 月已连续 9 个月下跌，11 月份的价格比最高的 2 月份下降了 25.4%。现行的价格下跌趋势与农产品丰收背景相叠加，短期肉类农产品价格下跌趋势预计不会改变。尤其是春节后肉蛋需求将进入淡季，这种下跌趋势将会加剧。

　　其次，从供给条件看，2008 年是我国全国性的大丰收年份。全国粮食总产量预计 10570 亿斤，创历史新高。肉蛋奶等产品也实现了大幅度增长。虽然国家加大了收储和调控力度，能够在一定程度上缓解供求关系，但农产品买方市场的格局不会扭转。

　　最后，从需求条件看，一是受金融危机和经济增长放缓影响，消费者消费信心和购买力有所下降；二是国际石油价格下跌使国际上开发生物能源的积极性降低，从而使能源危机引发粮价上涨的传导机制失效；三是金融危机导致的市场萎缩使农畜产品加工企业市场前景看淡，收储及加工愿望不强，从而使农畜产品工业需求降低；四是猪肉价格几个月来连续下跌，牛奶受三聚氰胺事件影响也尚待恢复，不仅肉奶产业本身增长受到影响，也会通过产业链传导，使饲料需求降低；五是 2008 年世界粮食丰收和需求下降，会导致国际市场粮价趋于下降，从而使国内粮价缺乏外力支撑。

　　此外，从气象条件看，据英国哈德雷气候研究中心预测，2009 年可能是自 2005 年以来最温暖的一年，全球平均气温预计将比长期平均气温高出 0.4 摄氏度；另据中国气象局对全国气候趋势的综合预测，2008 年冬及 2009 年春我国大部地区气温接近常年同期或偏高，其中我区大部气温偏高，降水可能偏少，并可能发生冬春连旱。我区农牧业生产受自然气候条件影响较大，综合各方面预测及我区年际气候变化规律，2009 年的农牧业生产气象条件应按平年安排为宜。预计第一产业增长 4% 左右。

（二）工业增速继续回落

2008 年全区工业呈现前期平稳快速增长，后期逐月下降的态势（见图 2）。预计全年全部工业增加值 3620 亿元，增长 23%，增速较上年有所回落。2009 年，我区工业经济仍将面临较为严峻的形势，预计工业增加值的增速在 2008 年的基础上会继续回落，约为 14%。

表 1 2008 年规模以上工业增加值月度数据

月份	当月增加值（亿元）	增长速度（%）	累计增加值（亿元）	增长速度（%）
2 月	188.10	28.8	380.00	27.4
3 月	231.68	28.2	612.01	28.0
4 月	249.46	27.5	867.36	27.9
5 月	276.19	28.4	1146.44	28.0
6 月	330.22	28.4	1489.44	28.2
7 月	323.76	30.5	1812.36	28.8
8 月	349.61	29.2	2188.50	29.0
9 月	360.54	28.7	2556.99	29.0
10 月	332.10	20.3	2893.07	28.1
11 月	287.35	9.8	3185.25	26.4

资料来源：2008 年《内蒙古统计月报》。

（1）从工业经济运行的周期来看，存在惯性下滑的风险。从 2008 年 7 月份规模以上工业增加值增速达到 30.5% 的全年最高点以来，呈现出逐月回落的态势。8 月、9 月环比增幅小幅回落，10 月、11 月环比增幅分别回落 8.4 个百分点、10.5 个百分点，11 月份增速仅为 9.8%，低于上年同期 11.6 个百分点（见表 1）。可见，从 10 月份开始，工业运行受到的影响才明显显现，这必将持续一段时间。一方面，根据各盟市汇总的情况来看，到 11 月份，全区规模以上工业企业停产半停产企业 873 户，占全区规模以上企业的 25%。即使全国经济在较短时期内可以恢复，这些停产半停产企业的重新开工也会有一定的滞后期。另一方面，据国家统计局发布的数据显示，2008 年三季度全国企业家信心指数为 123.8，分别比二季度和上年同期回落 11 点和 19.2 点。从对包头稀土高新技术产业开发区的调研情况来看，对未来形势没信心和没底的企业家占到 70% 以上。从企业家信心的恢复到工业生产的恢复也将会有一段时滞期。

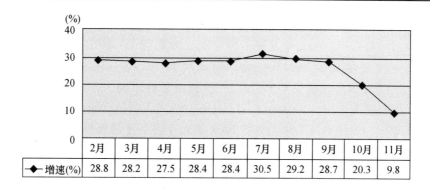

图 2　2008 年规模以上工业增加值月度增速变化情况

资料来源：2008 年《内蒙古统计月报》。

（2）从工业行业结构来看，存在结构单一的风险。2008 年 1～11 月份，全区能源、冶金、建材、化工、农畜产品加工业完成工业增加值 2298 亿元，占规模以上工业的 94.1%。虽然我区已提出了产业多元化、产业延伸、产业升级的结构调整思路，但这是一个中长期的战略目标，目前这种较单一的工业结构在近几年内不会有较大的变动。因此，2009 年全区工业的发展主要取决于以上这几个行业的发展态势，尤其一些产业还面临着巨大困难。

第一，能源原材料型工业发展面临严峻形势。全区 873 户规模以上停产半停产企业主要以能源、冶金、建材、化工等行业的企业为主，且涉及原煤、洗煤、焦炭、电石、铁合金等产品的企业受到的影响最为严重。从冶金、建材、化工三个原材料行业看，2008 年 1～11 月份，完成工业增加值 1325.2 亿元，占规模以上工业的 41.6%，11 月增速仅为 3.6%；铁合金、生铁、平板玻璃产量分别下降 59.9%、6.5%、14.4%。一方面，原材料行业的市场需求关键是靠全国市场，目前我国经济增长处于下行区间，且冶金、建材的下游密集型行业主要集中在住宅、汽车、造船行业，这些行业市场低迷，不会对冶金、建材等产品产生巨大的需求。另一方面，2009 年我国扩大投资的重点领域是基础设施建设，这会对我区冶金建材等行业起到积极的拉动作用，尤其是加强铁路建设将会拉动我区重轨生产。从能源工业看，2008 年 1～11 月完成工业增加值 2497.1 亿元，占规模以上工业的 36.8%。11 月焦炭、发电量产量分别下降 31.7%、19.3%，煤炭产量虽然增长 43.6%，但主要原因是正处于冬季取暖期。2009 年，随着冶金、建材、化工等高耗能工业增长的回落，在采暖期结束后，预计能源产业特别是煤炭工业的增长也会随之下滑。

第二，农畜产品加工业发展不容乐观。2008 年 1~11 月份，全区农畜产品加工业完成增加值 501.1 亿元，同比增长 16.9%，占规模以上工业的 15.7%，11 月当月仅增长 4.3%。受三聚氰胺事件影响，乳业受到严重冲击，蒙牛、伊利损失惨重。2008 年 1~11 月份，全区乳制品产量 25.2 万吨，同比下降 3.2%，11 月当月下降 21%。2009 年乳业将处于缓慢恢复期。由于出口受阻以及国内消费不旺，纺织业也出现了下滑，2008 年 1~11 月，羊绒衫产量下降 4.1%，11 月份下降 12.6%。从 2009 年形势看，出口恢复的难度较大，而国内消费的启动也是一个漫长的过程，纺织业的发展也不会有很大的起色。

（三）服务业继续保持平稳发展态势

服务业是我区经济发展的薄弱环节之一，对全区经济发展的拉动作用相对较弱，服务业在生产总值中所占比重自 2003 年以来持续下降，已由 2003 年的 41.9% 下降到 2008 年的 34.2%；增长速度自 2004 年达到 22% 的高点以来，一直处于下滑区间，预计 2008 年增长 14% 左右。从 2003 年到 2007 年，服务业平均增长速度低于地区生产总值 2.65 个百分点，服务业对经济增长的贡献度由 2003 年的 7.57 个百分点下降到 2007 年的 5.23 个百分点（见图 3）。加快发展服务业是当前形势下保增长、保就业的重要途径。2009 年，与其他产业相比服务业发展形势相对要好一些，有望承接 2008 年稳步发展势头，继续保持平稳发展，预计全年服务业增速将保持在 10% 左右。

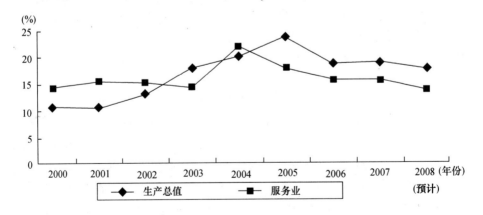

图 3　2000~2008 年生产总值与服务业增加值增速变化情况

资料来源：2008 年《内蒙古统计年鉴》。

服务业目前具有较好的发展机遇：一是政策环境不断完善。为加快发展服务业，国家、自治区相继出台了一系列鼓励扶持发展服务业的政策措施，将极大改善我区服务业的发展环境。二是投入力度将不断加大。随着国家扩大内需政策的深入落实，对基础设施、民生工程、农牧区公共事业的投入不断增加，将使我区服务业发展后劲明显增强。

但是服务业运行中出现的一些新情况、新问题需要引起高度重视。

（1）以交通运输业为主的生产性服务业增速有可能放缓。受主要工业行业生产、销售下滑的影响，我区生产性服务业发展面临的压力逐渐加大。从交通运输业看，由于 2008 年 9 月份以来企业库存明显增加，9 月和 10 月工业产品销售率同比分别下降 1 个和 0.6 个百分点，货物运输需求出现下降，11 月份全区铁路货物发送量环比下降了 6.7 个百分点。如果工业形势得不到好转，这种状况将进一步延续。铁道部安排 2009 年全国货物发送量与 2008 年持平，为零增长，在一定程度上预示着企业对交通运输的需求下降，占全区服务业 27% 的交通运输业在 2009 年增速有可能放缓。

（2）以商贸餐饮、旅游为主的生活性服务业增长受限。受股市走弱、企业经营困难、房地产销售不畅等因素影响，居民工资性收入、财产性收入增速减缓，收入预期明显下降，经济趋冷的苗头可能会从多方面影响到居民的消费信心，改变居民的消费预期，将在一定程度上抑制对商贸餐饮、旅游等服务业的需求。

（3）金融环境仍将发生重大变化。受企业盈利预期下降影响，我区金融形势发生了较大变化，银行和保险公司为减少风险，贷款、保险更加谨慎，存款增长较快，贷款增幅大幅回落，随着可能出现的通货紧缩的来临，这种变化将进一步演化。

三、三大需求趋势预测

（一）固定资产投资面临进一步下滑风险

2008 年 1～11 月，我区固定资产投资总额（城乡 50 万元以上项目）达到 5333.29 亿元，同比增长 28.6%，同比下降 2.3 个百分点。从月度累计增长看，投资增速当月增速由前 9 个月的 31.8% 逐月回落至 11 月份的 28.6%（见图 4）。预计 2008 年全年全社会固定资产投资总额达到 5600 亿元以上，同比增长 29%。2009 年，我区投资形势仍不容乐观，预计增速会继续回落，为 18% 左右。

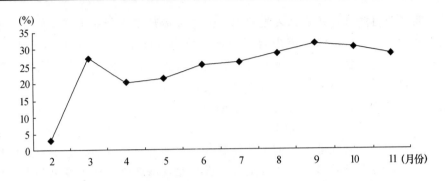

图4　2008年固定资产投资总额月度累计增长情况

资料来源：2008年《内蒙古统计月报》。

（1）从产业投资看，产业投资结构风险显现。我区工业投资占投资总额的比重高达50%以上，其中受到冲击最为严重的能源、冶金、化工、建材四个行业投资占工业投资的比重高达52%；房地产投资占我区投资总额的10%左右。以上几个行业的投资规模在我区投资中具有举足轻重的作用，而这些行业的低迷将会使2009年这些领域的投资面临着下滑风险，从而进一步影响全区的投资。

（2）从资金来源看，资金筹措能力受限。自筹资金方面，我区自筹资金占建设资金的比重高达80%左右，主要包括企业自有资金和区外招商引资。受产品销售不畅、库存压力增大等影响，企业普遍存在自有资金短缺、周转困难等问题。目前我区招商引资资金约占全社会固定资产投资的40%，招商引资受阻无疑会加剧我区投资下滑的风险。银行贷款方面，在企业投资意愿不强的同时，银行出于风险考虑，出现了"惜贷"甚至"恐贷"心理，严格审批放贷条件，使企业融资受到阻力。尽管国家增加了1000亿元贷款，但多为银行之间相互流转，实际贷给企业的资金有限。政府投资方面，国家预算资金占我区投资的比重逐步降低。2009、2010年中央计划安排1.18万亿元中央投资，按每年5900亿元和我区2008年争取到的2.5%比例测算，可争取到148亿元，最多也就占到全部投资额的2%左右。

（3）从企业所有制看，非国有制经济投资扩张意愿明显下降。非国有经济投资已成为我区投资的主体，占全部固定资产投资的比重超过60%。受国内外经济发展趋势不确定性和市场前景不明朗的影响，非国有制企业信心严重下降，投资扩张意愿减弱。2008年1~11月份，集体经济、有限责任公司和私营企业固定资产投资同比分别增长39.1%、19%和48.4%，同比分别下降 18.4、6.9 和 11.2 个百分点。2009 年，随着金融危机对我区经济影响的进一步显现，非国有经济投资主体投资扩张意愿可能会继续下滑，非国有经济投资比重将进一步下降，从而直接影响 2009 年我区投资资金来源的扩张。

（二）消费需求增长趋缓

2008 年，我区消费保持快速增长势头，1 ~ 11 月份社会消费品零售总额完成 2120.8 亿元，同比增长 24.3%，同比提高 5.4 个百分点。预计 2008 年全年社会消费品零售总额达到 2360 亿元，同比增长 24%，增速比上年提高 4.6 个百分点。2009 年，受世界经济增长放缓和我国经济进入本轮经济增长周期下行区间影响，我区经济面临下滑风险，消费将出现调整态势，增速将比 2008 年有所下降。预计 2009 年我区社会消费品零售总额增长 16% 左右。

（1）我区与全国消费增长趋势的一致性决定了我区消费增长趋缓。从我区消费增长与全国对比分析看，近年来我区社会消费品零售总额的变动与国家变动趋势虽然幅度上有差异，但趋势上却有着相当的一致性。图 5 为自 2005 年以来二者季度曲线的对比，可以看出我区基本与全国保持同向变化，但上下波动幅度大于全国。根据国家信息中心专家预测，全国 2009 年社会消费品零售总额名义上增长 17% 左右，比上年回落 4.8 个百分点。基于上述分析，预计 2009 年我区消费增长将回调，降幅在 8 个百分点左右。

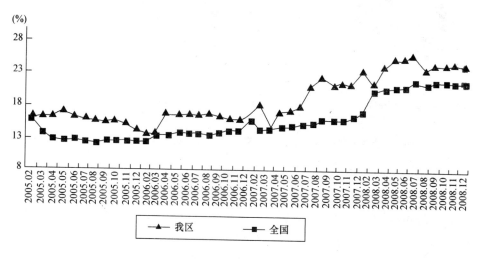

图 5　我区与全国社会消费品零售总额月度累计增速比较

资料来源：2005 ~ 2008 年《内蒙古统计月报》。

（2）我区消费增长与经济增长和居民收入增长的关系决定了我区消费增长趋缓。图6为2006年以来我区社会消费品零售总额季度增长与生产总值和居民收入增长的对比曲线。可以看出，我区消费的变化与居民收入变化之间没有明显的因果关系，而与生产总值的变化密切相关，只是消费变化点大约滞后生产总值一个季度，而每年的变化特征又不尽相同。2006年我区生产总值在高位上平稳增长，消费增长呈上升态势，其上升幅度快于生产总值；2007年生产总值增长有所加快，消费增长在一季度短暂回调后，二季度开始一路快速上升，并实现了突破，2008年二季度增速高达26%；2008年三季度以后受国际国内影响，生产总值增长趋缓，消费增长也随之下降，但变化幅度要大于生产总值的变化幅度。

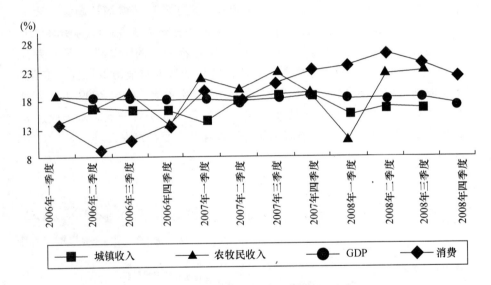

图6 社会消费品零售总额与生产总值、居民收入季度累计增速对比

当收入达到一定水平，且逐年持续增加时，居民拥有了相当的存款，居民对收入长期增长的信心明显增强，消费水平会不断升级。但在近年来我区经济持续快速增长的背景下，居民收入增长短期内的小幅波动并未引起消费的强烈反应，原因主要在于：一是随着我区财政收入的快速增长，政府财政支付消费的能力不断提高，2007年占总消费的比重为35.6%，高于2000年8.4个百分点，日益成为稳定消费的重要因素。二是消费信心已成为决定消费的关键性因素，其中生产总值的变化是一个较敏感的信号，会对消费者心理产生重要影响，决定了其未来收入和支出预期的变化。三是近年来随着居民收入和积累水平的提高、社会保障体系的不断完善、消费信贷的加速增长以及城乡一体化进程的推进，我区居民消费后顾之忧得以有效缓解，因而表现出了较为强烈的消费升级意愿，消费热点向住房、汽车等更高层次迈进。

2009 年随着国家和自治区拉动内需的一系列政策的逐步到位，将较为有效地改善经济环境恶化对消费心理的不利影响，预计 2009 年我区社会消费品零售总额增长将呈现降中趋稳的态势。

（3）房地产消费持续低迷决定我区消费增长趋缓。受全国房地产市场的影响，从 2008 年 9 月份开始，我区房地产投资完成额、商品房销售面积和销售价格，均出现明显回落，房地产行业进入调整期（见图 7、图 8）。预计 2009 年我区房地产市场观望气氛仍将继续，消费者信心不会在短期内恢复，市场需求也不会迅速释放，房市在上半年还会持续低迷。随着新楼盘的投放市场，商品房空置面积将进一步增加，供需矛盾还会进一步恶化。由于销售回款缓慢，使资金链日趋紧张，房地产投资将会逐步放缓，也使一些正在开发的项目难以为继，一些小型房地产企业将面临破产的危险，会形成大量的银行呆坏账。大幅增加保障性住房的供应量等一系列调控措施的出台，将使商品房价格有所回落。

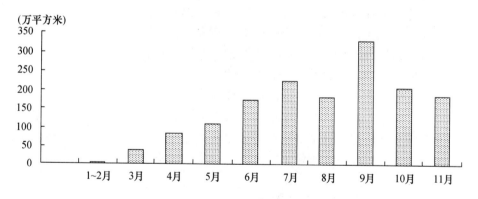

图 7　2008 年 1～11 月商品房销售面积变化情况

资料来源：2008 年《内蒙古统计月报》。

以上预测基于以下分析：

（1）我区的商品房出现明显供大于求的现象。2008 年 1～9 月份，全区商品房空置面积达到 359.8 万平方米。随着在建项目的完工，商品房空置面积会进一步增加。而在当前形势下，因为对房价的走势不明，消费者仍然选择持币待购，预计目前市场上的空置房需要 2～3 年来消化。

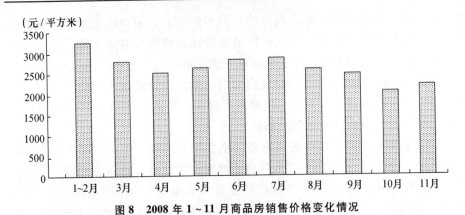

图8　2008年1~11月商品房销售价格变化情况

资料来源：2008年《内蒙古统计月报》。

（2）商品房价格偏离居民的实际购买能力。房价收入比是衡量一个地区房产消费能力的重要指标。以呼和浩特地区的商品房均价每平方米2992元来测算，房价收入比为6.2，超出3~6的正常比例，房地产市场的供需存在着"消费不起"的问题。

（3）经过几年的调整后，房地产业的盈利能力已呈下降趋势，房地产开发商之间的竞争日趋激烈，在此情况下，规模优势、品牌优势越来越成为企业赢得竞争的关键。房地产企业也面临重新洗牌，一些实力较差的房地产企业正在被市场淘汰，房地产企业向规模化、品牌化方向发展。

（4）2008年国务院确定的当前进一步扩大内需措施中，把加快建设保障性安居工程放在首位。目前我区的保障性住房主要有两类：廉租房和经济适用房。廉租房与普通商品住宅市场基本没有冲突。但经济适用房与普通商品住宅在产权和品质上接近，增加经济适用房源的市场供给量，对于那些与保障性住房差异化不大的普通住宅具有较大冲击，该类型的商品房价格将有所回落。

（三）进出口增速逐步回落

在外部需求下降的形势下，2008年11月份，我区当月进出口总值5.95亿美元，同比下降24.1%。其中，当月进口3.78亿美元，下降23.9%；出口2.18亿美元，下降24.3%。口岸进出境货运量2950万吨，下降2.1%，其中进境货运量2553万吨，下降4.6%。预计2008年外贸进出口总额达到90亿美元以上，增长18%，增速比上年回落12.2个百分点。2009年我区进出口贸易形势依然严峻，预计全年进出口贸易总额增速将进一步回落。

绒纺行业出口形势不容乐观。在我区出口商品结构中，纺织品出口贸易额占 17%，是我区出口的主要产品。受美国、欧洲和日本三大外销市场需求明显下降的影响，羊绒制品订单急剧减少。据我们 2008 年 11 月下旬调研，鄂绒集团预计 2008 年全年羊绒制品国内外订单将下降 30% 左右，仅东胜区纺织企业的亏损面已达到 60% 左右。在这些国家个人消费尚未明显回暖之前，对绒纺制品的消费需求难以迅速回升。

对美国、俄罗斯贸易形势严峻。从对主要贸易伙伴的进出口情况看，2009 年我区对美国出口贸易、对俄罗斯进口贸易会受到一定程度的影响。2008 年前 11 个月，我区对美国进出口贸易总额 3.94 亿美元，下降 5.9%；受国内需求下降影响，从俄罗斯进口的主要原材料增速大幅度回落，其中原木进口下降 12.5%。随着美国经济的衰退、俄罗斯经济增长速度放缓，我区对美国的出口贸易、对俄罗斯的进口贸易增速将明显回落。

但从总体上看，对外贸易增速的回落对我区经济发展影响有限，主要原因在于我区经济的外向程度仍然较低。1998 年以来，我区对外贸易依存度一直在 9% ~ 13%，与全国相比差距较大；经济增长对外部需求的依赖程度很低，2007 年出口依存度仅为 4%，低于同期全国 33 个百分点（见表 2）。

表 2　1998 ~ 2007 年全国、内蒙古外贸依存度变化情况

年份	全国					内蒙古				
	生产总值（亿元）	进出口总额（亿元）	外贸依存度（%）	出口总额（亿元）	出口依存度（%）	生产总值（亿元）	进出口总额（亿元）	外贸依存度（%）	出口总额（亿元）	出口依存度（%）
1998	84402.3	26849.7	32	15224	18	1262.54	114.7	9	68.16	5
1999	89677.1	29896.2	33	16160	18	1379.31	133.1	10	75	5
2000	99241.6	39273.2	40	20634	21	1539.12	168.8	11	84.7	6
2001	109655.2	42183.6	38	22024	20	1713.81	210.9	12	94.4	6
2002	120332.7	51378.2	43	26948	22	1940.94	248.7	13	113.5	6
2003	135822.8	70483.5	52	36288	27	2388.38	257.7	11	119.3	5
2004	159878.3	95539.1	60	49103	31	3041.07	335.1	11	139.2	5
2005	183217.4	116921.8	64	62648	34	3895.55	416.6	11	166.6	4
2006	211923.5	140971.4	67	77595	37	4841.82	464.4	10	167.2	3
2007	249529.9	166740.2	67	93456	37	6091.12	565.7	9	215.3	4

资料来源：历年《内蒙古统计年鉴》。

四、财政收入和居民收入增长趋势

（一）地方财政总收入保持平稳增长

2008 年我区地方财政总收入达到 1106.2 亿元，同比增长 32.4%，同比下降 10.4 个百分点。受国际金融危机和国内外市场需求不足影响，9 月份以来，我区能源、化工、农畜产品加工等主要支柱产业出现明显下滑，企业利润大幅萎缩，城乡居民收入、外贸进出口、房地产、服务业等也均有不同程度回落。相应地，企业所得税、个人所得税、营业税和契税等税种增速出现回落，直接导致我区地方财政总收入增速呈逐月下降趋势。2008 年 1~2 月份地方财政总收入同比增长 49.6%，1~12 月份同比增长 32.4%，下降了 17.2 个百分点（见图 9）。

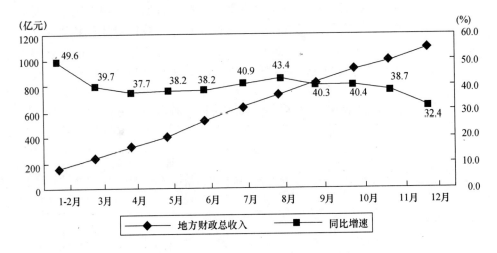

图 9　2008 年 1~12 月内蒙古地方财政总收入变化

资料来源：2008 年《内蒙古统计月报》。

从今后经济发展形势看，在较长的一段时期内，经济增长速度将逐步放缓，地方财政总收入的增长速度也必然呈下降趋势。综合考虑以上因素，预计 2009 年地方财政总收入将达到约 1240 亿元左右，同比增长将达到 12% 左右。主要原因在于：

（1）我区企业效益将进一步下滑，企业投资意愿和能力有可能继续下降，居民收入增长放缓、财富效应减弱，致使经济增长进一步放缓，从而直接导致增值税、企业所得税等税种增速较 2008 年明显回落，地方财政总收入增速明显下降。

（2）2009 年制度性减税因素影响加大。2009 年国家将继续实施新的企业所得税法，开始推行生产型增值税改革，资源税由"从量计征"改为"从价计征"等新的税收政策，必然会对我区地方财政总收入产生影响。在企业所得税方面，财政部和国家税务总局估计减收 930 亿元左右，采用比例法进行估算，2009 年我区企业所得税将减收 10 亿元左右。在增值税方面，采用新增固定资产投资额增量进行估算，2009 年我区减少增值税收入为 100 亿元左右，减少城市维护建设税和教育费附加 8 亿元左右，增加企业所得税 6 亿元左右，合计减少税收 102 亿元左右。此外考虑到 2009 年国家继续采取下调储蓄存款利息个人所得税税率、调高个体工商户税收起征点、降低住房交易税费等与扩大内需相关税收政策，预计减少税收收入 70 亿元左右。

（二）就业和城乡居民增收压力进一步加大

2008 年全区就业再就业政策不断落实，1～11 月份城镇新增就业 23.65 万人，完成年度计划的 118.25%，超额完成全年目标任务。2008 年四季度，城乡居民收入水平虽然受到金融危机的影响有所波动，但由于我区粮食生产获得大丰收，农牧业补贴增加幅度较大，加之四季度各盟市都提高了津补贴水平，城乡居民收入水平仍呈稳步提高的态势，但增长幅度有所回落。预计 2008 年全年城镇居民人均可支配收入 14480 元，农牧民人均纯收入 4650 元，实际增长速度均为 11%，分别比上年回落 3.6 个和 2.2 个百分点。

2009 年，金融危机对我区的影响会进一步加剧，就业难度加大，城乡增收面临严峻考验，但随着扩大内需各项政策的贯彻落实，其积极的带动作用会逐步起效，预计下半年就业数量将缓慢回升，但城乡居民收入水平增长速度有所放缓。初步预计 2009 年我区新增就业人数保持在 15 万人左右，转移农村富余劳动力 150 万人左右，城镇居民人均可支配收入和农牧民人均纯收入分别增长 8% 和 7% 左右。

（1）就业形势仍很严峻，但社会保障水平会明显提高。受整体经济形势的影响，我区企业经营状况不会在短期内有明显好转，就业压力会不断加大，就业形势不容乐观。2008 年第四季度以来，随着金融危机对我区影响的逐步加剧，部分企业，特别是中小企业以及资源能源型企业，出现了关闭、停产或者半停产的情况，造成部分人员失业。截止到 2008 年 12 月份，我区隐性失业人数已达 99567 人，其中解除劳动关系的有 14466 人，未解除劳动关系的有 85101 人。同时农牧民外出打工人员出现提前返乡趋势，初步统计，截至 2008 年 11 月底我区已经有 60 多万农民工提前返乡。从实际情况来看，形势可能还要严重，据我们调研掌握的情况，仅乌海市 2008 年 11 月失业人员就达 1 万人以上；农牧民实际返乡人数可能远远大于目前的数字。这种形势预计在 2009 年仍会持续很长一段时间。

针对当前形势，国家近期出台了一系列扩大内需、刺激经济的政策措施，出台了以创业带动就业、安居工程、社会保险条例等各项政策，逐步加大对教育、医疗、文化、生态等公共服务的投入力度，这些措施对稳定经济增长、稳定就业、稳定收入的效应会逐步显现。从维护稳定的大局出发，预计这方面的政策措施在 2009 年上半年还会不断出台并逐步得到贯彻落实，自治区也将逐步提高城乡居民最低生活保障标准，加大对公共服务的支出力度，城乡居民社会保障水平和能力将会得到切实加强。

（2）城镇居民主要增收渠道将受阻。受整体经济和就业形势的影响，2009 年我区城镇居民增收面临很大压力。首先，从收入来源分析，工资性收入增长乏力。虽然自治区将会进一步全面落实规范公务员工资和津贴补贴，提高离退休人员津贴补贴标准，调整企业退休人员养老金等政策措施，但很多措施在 2008 年已经得到落实，2009 年增资因素相对较少，城镇居民工资性收入不会有太大增加。其次，财产性收入和转移性收入将有所下降。预计2009 年股票市场和房地产市场不会有明显好转，城镇居民财产性收入来源渠道有限。经营性收入方面，自治区对服务业、非公有制经济、中小企业等劳动密集型产业方面的扶持力度会进一步加大，但受大环境影响，城镇居民经营性收入在短期内不会明显改观。最后，转移性收入将会明显增加。2009 年，国家将进一步提高社会保障和公共服务方面的支出比例，居民转移性收入将会有所增加。

（3）农牧民增收任务艰巨。从农牧民增收的自身特点来看，受自然条件、市场变化、就业能力等因素影响较大，增收渠道不多，增长幅度有限。从农牧民家庭经营性收入看，考虑到气候条件的不确定性和粮食、肉类、奶类等农畜产品价格面临巨大的下行压力等因素，农牧民来源于经营性的收入不会有太大提高。从工资性收入看，受整体经济的影响，2009 年农牧民转移就业的难度会进一步加大，外出务工人数和工资将呈下降的趋势，农牧民来源于工资性的收入会明显降低。从财产性收入看，财产性收入在农牧民收入中的比重仅为 2% 左右，对农牧民收入的影响十分有限，加上因投资渠道有限短期难以增收，预计 2009 年农牧民财产性收入不会有明显增加。从转移性收入看，国家和自治区将会进一步加大对农牧业补贴力度，增加对生态环境保护区的补贴，提高公共服务水平和能力，预计 2009 年农牧民转移性收入将有较大幅度的提高。

　　根据以上的分析和判断，我们预计，2009 年内蒙古经济增长将呈现"前低后高"现象，地区生产总值增长 11% 左右。面对复杂多变的国内外经济环境，国家和自治区出台了一系列确保经济平稳较快增长的政策措施，只要我们按照自治区党委、政府的统一部署，坚定信心，知难而进，共克时艰，科学发展，完成我区提出的 2009 年的预期目标也是有可能的。

　　（杭栓柱、杨臣华、包思勤、黄占兵、赵云平、李靖靖、司咏梅、安士玲、曹永萍、张永军、吕清禄、朱晓俊）

从 2009 年 1 月份经济运行情况看内蒙古经济走势

2008 年，内蒙古经济基本保持了平稳较快增长的态势，但受国际金融危机影响，经济增长呈现出罕见的"前高后低"现象，特别是第四季度以来，我区实体经济受到明显冲击，经济增长大幅下滑。进入 2009 年 1 月份，全区各地认真贯彻国家扩大内需的政策措施，全面落实中央和自治区经济工作会议的各项部署，努力化解影响经济发展的各种不利因素，我区经济在经历 2008 年第四季度的低谷后，出现了一些积极变化：规模以上工业经济完成工业增加值 226.2 亿元，增长 12.4%，比 2008 年 12 月份提高 8.8 个百分点；城乡 50 万元以上项目完成固定资产投资 3 亿元，同比增长 20%；社会消费品零售总额完成 248 亿元，同比增长 23%，增幅比 2008 年 12 月份高 1.1 个百分点；地方财政收入达到 135.1 亿元，增长 29.9%，其中地方一般预算收入达到 91.5 亿元，增长 39.1%；2009 年 1 月末全区金融机构人民币存贷款余额分别达到 6507.6 亿元和 4763.8 亿元，比 2009 年初增加 166 亿元和 235.9 亿元，贷款月增加额创历史新高。

从 2009 年 1 月份的主要经济指标来看，我区经济似乎出现了一些"回暖"迹象。究竟如何看待这些数据变化？有些人据此得出了"止跌回升"的乐观判断，但我们认为这种判断为时过早。国内外宏观经济环境还在持续恶化，我区经济走势仍处于下行区间，而且这种下行趋势至少在 2009 年上半年不可能得到有效扭转，当前经济形势仍不容乐观。

一、我区经济增长主要取决于全国经济增长

我区经济基本上属于内需拉动型，对全国经济的依赖性较强，主要工业产品的消费均在区外。因此，国内需求的变化直接影响我区经济增长。从经济周期看，我区经济走势和全国基本一致，不同之处在于我区经济波动幅度大于全国、月度变化滞后于全国，这主要是由上游产业比重较高的产业结构特征决定的（见图 1）。

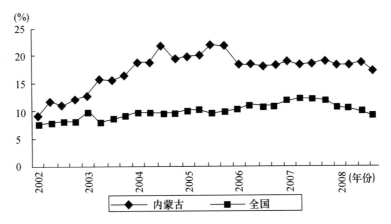

图 1　2002 年以来内蒙古和全国生产总值增速季度变化比较

资料来源：2002～2008 年《内蒙古统计月报》。

　　当前国际金融危机持续深化，对实体经济的负面影响还在扩散和蔓延。美国经济 2008 年第三、第四季度 GDP 分别下降 0.5% 和 3.8%，欧元区 15 国 2008 年第二、第三季度 GDP 环比增长率连续下降，日本 2008 年第四季度国内生产总值按年率计算实际下降 12.7%。这是日本经济连续三个季度出现负增长，也是近 35 年来的最大季度降幅。三大经济体同时陷入衰退，2009 年可能出现全球性经济衰退。按照国际货币基金组织预测，2009 年世界经济增长速度放慢至 0.5%，美国、欧元区、日本三大经济体分别负增长 1.6%、2% 和 2.6%，低于世界经济增长 3% 即为衰退的标准值，是第二次世界大战以后的最慢增速。经济全球化造成的世界各国经济周期同步性将放大金融危机对全世界实体经济的拖累。德国智库 IFO 经济研究所 2009 年 1 月 18 日公布世界经济调查结果，综合世界各地 1035 位经济专家的观点显示，2009 年第一季度世界经济景气指数从上一季度的 60 点大幅下降至 50.1 点，成为该指数连续第六次下降，创出历史新低。

　　受国际金融危机冲击，我国经济形势还很严峻，经济下行的压力很大。2008 年我国 GDP 增速回落到 9%，比上年回落 4 个百分点，造成了多年罕见的 "大落"。进入 2009 年 1 月份以来，我国经济下滑表现在：一是进出口大幅萎缩。1 月份我国外贸进出口总值同比下降 29%，降幅比上月加深 17.9 个百分点。二是市场需求减弱，价格持续下滑。1 月份工业品出厂价格同比下降 3.3%，原材料、燃料、动力购进价格下降 5.3%。三是企业资金周转困难。这在中小企业中表现得尤为突出。虽然 1 月 M2 呈现出高增长，但更能反映资金活跃程度的 M2 与 M1 之间的剪刀差创下了 149 个月以来的新高，而这一数据反映出新增贷款可能没有更多用于企业的生产发展。四是企业经营成本上升。一方面是原材料成本上升，另一方面是人力成本上升。

基于上述分析，目前我国经济下行的压力仍然较大，何时见底尚难预料。在国内经济尚未出现回暖迹象的背景下，目前还很难得出我区经济"风景这边独好"的乐观判断。

二、工业生产形势依然严峻

由于我区工业以原材料和基础性产业占主导，对外部市场需求依赖性强，抗风险能力较弱，因此我区工业经济的增长与全国平均水平相比波动较大。2008 年全国工业经济增长由 3 月份最高点 16.4% 下滑至 12 月份的 5.7%，波动幅度为 10.7 个百分点，而我区由 7 月份的 30.5% 下降至 12 月份的 3.6%，波动幅度为 26.9 个百分点。2009 年 1 月份我区工业增速快速回升至 12.4%，一是政策推动所致。2008 年冬季以来，围绕"保增长、扩内需、调结构"的中心任务，内蒙古自治区政府紧急启动部分行业电力多边交易政策，出台了取消煤炭销售票等地方性政策，并放开煤炭交易市场等促进工业经济平稳较快增长的 12 项具体措施，初步遏制工业生产大幅下滑的势头。二是企业库存调整的短期影响。2009 年 1 月份全国制造业采购经理指数为 45.3，虽仍处于低位，但环比增加 4.1，说明下游行业信心有所恢复。下游用户也开始建立库存，原材料价格企稳，经销商信心也有所恢复，拉动部分原材料价格上涨。我区能源、原材料等占主导地位的行业因下游行业企业库存调整而环境有所改善。三是部分产品价格回升拉动我区工业生产。1 月份煤炭钢铁等产品价格小幅回升，其中原煤市场平均售价为 300 元/吨，与上月持平，同比增加 110 元/吨。区内二级冶金焦炭市场售价 1500 元/吨左右，比上月提高 200 元/吨。此外，1 月份全区普通大、中、小型钢材的价格分别比 2008 年 12 月中旬上涨 2.8%、5.1% 和 3%，硅铁、电石、铅、锌、镍的价格也有小幅上扬。部分产品价格回升促进了我区工业企业的生产增长。

上述影响因素多为短期因素，其中多边交易电价政策的有效期为 3 个月，截止日期为 2009 年 2 月 17 日；大部分企业原材料库存调整多为短期行为；而在全部工业品出厂价格整体呈下滑的形势下，部分产品价格小幅回升的影响有限。我区工业经济结构偏于重型，大多数主要产品属于基础性的上游产品，与当地经济关联度较低，其产业链条主要在东部和中部。因此，工业经济好转的形势能否持续，尚取决于整体宏观环境的根本改善，而当前国内外经济环境并未好转，且有进一步下行的趋势，我区工业经济面临的形势依然严峻。

从工业经济和主要产品产量增速看，尽管环比有所回升，但同比增速放慢较为明显。2009 年 1 月份规模以上工业增加值增长率比上年同月降低 14 个百分点，多数工业产品增长率都较上年同期有较大幅度下降，其中煤炭产量增长率同比降低 9.3 个百分点，发电量降低 11.3 个百分点，电解铝产量降低 23.1 个百分点，甲醇降低 96.1 个百分点，乳制品产量降低 11.5 个百分点。

从能源和运输来看，需求还在下降。2009 年 1 月份全社会用电负荷减少 234 万千瓦，铁路货物发送量增长率同比降低 20.1 个百分点。

从工业品出厂价格看，增长速度加速下滑。2009 年 1 月份工业品出厂价格指数为 100.97，与 2008 年 8 月份最高时的 118.4 相比，回落了 17.43 点，且近三个月呈加速下滑态势。其中轻工业产品出厂价格指数为 105.39，与 2008 年 8 月份相比回落了 6.51；重工业产品出厂价格指数为 99.37，与 2008 年 8 月份相比回落了 21.43，价格已低于上年同期。

从企业的经济效益看，市场需求的持续萎缩，严重影响了我区工业企业的经济效益。截至 2009 年 1 月底，全区 3638 户规模以上工业企业中有 985 户企业处于停产、半停产状态，占全区规模以上企业的 27%，比 2008 年 11 月末增加了 112 户，比例上升了 2 个百分点。

三、固定资产投资快速增长面临较大压力

投资是拉动我区经济增长的主要动力。2009 年 1 月份，我区固定资产投资发生了积极变化。从总量看，达到 3 亿元，但同 2008 年我区 5516 亿元的投资总额（50 万元以上项目）相比，所占比重很小，不足以对整个投资产生较大影响。从增速看，创近些年同期新高，这主要得益于这样几个方面：一是争取国家投资的结果。2008 年四季度以来，我区抓住国家扩大内需、加大投资的机遇，积极争取中央投入，截至目前已累计争取到国家各类建设资金 80.2 亿元。特别是 2008 年国家对新增 1000 亿元投资提出要尽快形成实物工作量的要求，冬季我区项目不能施工，但按照国家要求，提前购买材料、设备，对投资增长产生了一定拉动作用。二是国家减免中小企业、房地产交易相关税等结构性减税政策，国家扩大内需政策对钢轨、电力等能源原材料需求的增长，中央政府代发 2000 亿元左右的地方政府债券，以及多边交易电价、促进工业经济加快发展指导意见等自治区各项措施的效应开始显现。三是国家实施适度宽松的货币政策，适当增加货币、信贷投放总量，使得企业信心有所恢复，投资扩张意愿有所上升。

但是，随着金融危机对我区实体经济的影响继续蔓延和加深，我区固定

资产投资继续保持这种增长态势依然面临较大压力。

（1）从资金来源看，资金筹措能力受限。政府投资方面，国家预算资金占我区投资的比重逐步降低。2009、2010 年中央计划安排 1.08 万亿元中央投资（2008 年已安排 1000 亿元），按每年 4900 亿元和我区 2009 年争取到的比例 2.5% 测算，可争取到近 123 亿元，最多也就占到全部投资额的 2% 左右，根本不足以弥补外部需求下降带来的投资需求下降缺口。同时，由于未来经济增长前景堪忧，企业投资信心受挫，2008 年四季度全国企业家信心指数为 94.6，比三季度回落 29.2 点，这也使得政府投资在短期内很难对社会投资产生较大带动效应。自筹资金方面，我区自筹资金占建设资金的比重高达 80% 左右，主要包括企业自有资金和区外招商引资。受产品销售不畅、库存压力增大等影响，企业普遍存在自有资金短缺、周转困难等问题。目前我区招商引资资金约占全社会固定资产投资的 40%，招商引资受阻无疑会加剧我区投资下滑的风险。银行贷款方面，在企业投资意愿不强的同时，尽管银行增加了贷款额度，但出于风险考虑，严格审批放贷条件，使企业融资受到阻力。

（2）从产业投资看，产业投资结构风险显现。我区工业投资占投资总额的比重高达 50% 以上，其中受到冲击最为严重的能源、冶金、化工、建材四个行业投资占工业投资的比重高达 52%，这些行业的投资规模在我区投资中具有举足轻重的作用。能源、冶金、化工和建材行业的产品相当大一部分消费在区外，目前全国经济尚未回暖，对这些产品的需求也就不会出现较快增长，这会使 2009 年一季度这些领域的投资面临着下滑风险，从而进一步影响全区的投资。

（3）从企业所有制看，非国有制经济投资扩张意愿明显上升尚待时日。非国有经济投资已成为我区投资的主体，占全部固定资产投资的比重超过 60%。受国内外经济发展趋势不确定性和市场前景不明朗的影响，短时期内非国有制企业信心和投资扩张意愿很难明显上升，从而直接影响到 2009 年上半年我区投资资金来源的扩张。2008 年 1～12 月份，国有经济、集体经济、有限责任公司和私营企业固定资产投资同比分别下降 13.1%、26.5%、6.7% 和 3%。

（4）房地产的投资面临着进一步下滑的趋势。目前房地产投资占全社会固定资产投资额的 13.3%，但房地产开发商投资意愿非常弱。为应对恶劣的行业环境，大多数开发商基本停止买地，推迟新项目开工，在建项目进度也在放缓，投资收缩将成为主基调。从土地成交面积看，我区 2008 年 12 月土地成交面积为 847.24 万平方米，与 11 月相比下降了 57%。土地成交量的极度萎缩，预示着房地产的投资的下降。从资金来源看，由于房地产企业贷款难度较大，交易量的萎缩又加大了自筹资金的压力，因此目前房地产企业面临着资金链断裂的困境。从供求关系来看，2009 年我区商品房供过于求的局面将更加严峻。以首府呼和浩特为例，商品房空置面积呈逐月增长的趋势，到 2008 年 12 月末，空置面积已达 263.14 万平方米。而商品房销售持续低迷，尤其进入 2009 年 1 月份以来，商品房实际登记销售套数只有 73 套，同比下降了 91.1%。商品房的大量积压，使开发商也放缓了投资进度。

四、财税金融形势不容乐观

2009 年 1 月份地方财政收入完成 135.1 亿元，比上年同期增加 31.1 亿元，增长 29.9%，其中地方一般预算收入达到 91.5 亿元，增加 25.7 亿元，增长 39.1%。其中，税收收入 61.6 亿元，增长 14.1%；非税收入 29.9 亿元，增加 18.1 亿元，增长 153.6%。主要是自治区本级清缴上年度"两权"价款收入 12.8 亿元，剔除这一因素，一般预算收入增长 19.6%。但是从财政部 2009 年 1 月 16 日公布的数据显示，1 月份全国财政收入同比下降 17.1%，其中地方本级收入下降 2.7%，作为全国财政收入大省，广东财政总收入同比下降 27.9%，另外，作为全区重要财源基地的呼和浩特市财政收入 1 月份同比减少 42628 万元，降幅为 23.91%。这次下降极有可能预示着地方财政收入将与中央财政收入一起进入下降周期。在此背景下，全区财政收入数据不降反升，说明一些盟市"以丰补歉"的因素在起作用，据我们调查了解，1 月份我区财政收入实际增长率仅为 1.5% 左右，而且随着经济走势的进一步下行，财政增收面临较大压力。

2009 年 1 月份内蒙古金融机构新增贷款 235.9 亿元，增长 26%，增速创出新高。一是 2008 年下半年以来宏观经济政策放松是导致我区信贷增加的首要原因。二是银行基于自身的考核方式，会把一些项目贷款留到第二年年初，这样每年年初会形成银行的放贷高峰，这是导致全区 2009 年 1 月份信贷高增的另一个重要原因。三是根据银行放贷规律，全年信贷投放呈前高后低走势，每年上半年是其放贷高峰期，根据数据统计，1 月份贷款投放量基本占全年总投放量的 20%，这是银行"早放贷，早受益"思路下的必然结果。因此，1 月份全区银行贷款放量增长态势既是国家宏观大背景下的结果，也是金融系统放贷规律的必然结果，切不可盲目乐观。从新增贷款结构看，目前新增贷款主要还是投向配合政府项目的投资，向能源、交通、城市建设等优势行业和企业倾斜，集中度较高，显示银行的惜贷情绪并没有得到任何缓解，而且银行信贷标准和责任追究制也并未因信贷放松而改变，对中小企业的贷款需求依然十分谨慎，中小企业融资仍十分困难，因此信贷快速增长对全区经济的刺激作用还有待观察。

五、2009 年 1 月份消费需求快速增长受节日性因素影响较大

2009 年 1 月份，我区社会消费品零售总额实现了 23% 的较快增长，但这是在元旦和春节两大节日的背景下完成的，其对消费增长的增量因素很大。如 2005 年春节在 2 月份，2006 年春节在 1 月份，2006 年 1 月份消费品零售总额同比增长速度高达 52.8%（未考虑价格因素，下同）；2007 年春节在 2 月份，由于 1 月份没有了节日因素，消费品零售总额当月同比增长速度降至 14.7%。虽然各年情况不尽相同，还需要考虑价格因素，但至少可以从一个侧面说明春节对于消费增长幅度的影响。究其原因，一是 2009 年与 2008 年同期相比，黄金周通信、旅游等服务性消费无疑是一个增量因素；二是节日期间，尽管服装、电器等消费品价格有不同程度的削价打折，但食品、副食品等居民主要消费品的价格大幅度上涨，很大程度上加大了消费额。目前房地产消费尚未出现回暖迹象，汽车消费虽然迅速增温，但占消费的比重较小。2 月份消费增长剔除节日因素后，预计将比 1 月份回落 3 个百分点左右，在经济增长的不确定因素影响下，后期消费趋向难以进一步加快上扬。

今后一段时期，应注意用好用足国家和自治区一系列促进消费、改善民生的政策措施，充分发挥其效应。如加大政府消费力度，继续为群众办"十件实事"，包括一系列增加居民收入的政策；大力开拓农村牧区消费市场，抓好"家电下乡"、"农机下乡"等促销活动；加大廉租房的建设力度以及完善社会保障体系等，缓和居民由于经济下滑所产生的消极心理预期，从而提高其消费意愿，增加即期消费；可考虑参照一些省市的做法，对低收入群体发放限期使用的消费券，以促进消费的增长。

根据以上的分析和判断，目前还找不到支撑经济"止跌回升"的向好因素。2008 年底的研究表明，2009 年我区经济增长将呈 V 形走势，但目前尚未见底，触底反弹要等到三季度以后才有可能出现。因此，要进一步增强忧患意识，充分认识世界经济环境和全国经济环境急剧变化给我区经济发展提出的新问题新挑战，做好应对最困难最复杂局面的充分准备；同时要增强机遇意识，善于从国际国内条件的相互转化中用好发展机遇、创造发展条件，审时度势、科学决策、周密部署、扎实工作，努力推动经济又好又快地发展。

（杭栓柱、杨臣华、包思勤、安士玲、黄占兵、毕力格、李文杰、付东梅、曹永萍）

从 2009 年 2 月份经济运行情况
看内蒙古经济走势

2009 年 2 月份，我区宏观经济承接 1 月份出现的积极变化，各主要经济指标继续保持向好的态势。但经济趋势性回暖的信号仍不明朗，我区经济能否从"前低"爬上"后高"任重道远，需要我们透过数字表面，分析增长与效益背后的深层次原因。

一、经济运行中的主要指标呈现积极变化

2009 年前两个月，在国家积极的财政政策和适度宽松的货币政策作用下，我区经济运行初步遏制了快速下行的趋势，主要经济指标呈现积极变化。

（一）全区工业经济保持稳定增长态势，增速较去年同期有所回落，但环比增速继续向好

1 ~ 2 月份，全区规模以上工业企业累计完成增加值 491.86 亿元，比上年同期增长 19.6%，增速比上年同期回落 8.8 个百分点，其中 2 月份当月完成增加值 262.5 亿元，比上年同期增长 24.3%，增速同比回落 4.5 个百分点，但比 1 月份提高 11.9 个百分点，继续保持回升的势头。工业产品销售稳中有升，1 ~ 2 月份全区规模以上工业企业产品销售率为 95%，比上年同期回落了 0.1 个百分点，其中 2 月份工业产品销售率为 95.2%，比上年同期提高了 1.4 个百分点。

（二）固定资产投资受国家加大投资影响保持较高的增长速度

1 ~ 2 月份，全区城乡 50 万元以上项目完成固定资产投资增长 35.9%，比上年同期提高 52.6 个百分点。尽管我区投资季度变化受施工期限制，2 月份项目开工建设的很少，但年初我区争取的中央新增投资的密集投放，推动了一季度投资的快速增长。随着国家经济刺激方案的逐步实施，以及我区各盟市确定的各项民生工程和新投资项目的陆续开工，固定资产投资将继续保持快速增长态势。

（三）全区地方财政一般预算收入快速增长，城乡消费增长平稳

1～2月份，全区地方财政一般预算收入完成140.85亿元，同比增长46.1%，增速居全国第一位。全区社会消费品零售总额累计增长20.5%，低于2008年同期0.9个百分点，2月份当月增长17.8%，环比回落5.2个百分点。

（四）我区主要经济指标增长速度均高于全国平均水平

1～2月份，我区在各省市区的排位中，除工业增加值增速下降一位外，固定资产投资、地方财政一般预算收入和消费品零售总额增长速度均有所上升。宏观经济的稳定增长为2009年我区经济总量增长继续保持全国领先地位奠定了良好的基础（见表1）。

表1　1～2月份全区主要经济指标累计增速与全国平均水平比较及变化

指标	全国累计增速（%）	全区累计增速（%）	位次	同比升降
工业增加值	3.8	19.6	3	-1
固定资产投资	26.5	55.9	7	22
一般预算收入	-0.1	46.1	1	2
消费品零售总额	15.2	20.5	7	2

我区经济结构以能源、原材料产业为主体，与沿海外向型经济差异较大，而与我区相邻的八个省区比较接近，因此与相邻省区的比较更能说明我区经济发展所处的地位和竞争潜力。

从表2可以看出，1～2月份我区工业增加值和地方一般预算收入增长速度排在第一位，且大幅高于其他八省区的平均水平。固定资产投资增速位居第五，作为投资拉动型经济，今后仍需进一步加大招商引资力度，保持固定资产投资快速增长。消费品零售总额增速各省区相差不大，我区在九省区中排名第二，作为人口相对较少的省区，20.5%的增长速度显示我区城乡市场相对比较活跃。

表2　1～2月份全区主要经济指标累计增速与相邻省区的比较　　单位:%

省　区	工业增加值	固定资产投资	一般预算收入	消费品零售总额
内蒙古	19.6	55.9	46.1	20.5
黑龙江	0.8	216.4	13.5	20.2
吉　林	8.9	28	10.1	18.4

续表

省 区	工业增加值	固定资产投资	一般预算收入	消费品零售总额
辽 宁	10.6	48.0	8.1	19.2
河 北	7.1	59.1	-2.9	19.3
山 西	-20.5	32.1	-5.4	20.6
宁 夏	-6.4	57.2	21.6	18.5
陕 西	1.0	63.2	10.4	18.6
甘 肃	-0.7	40.3	-0.6	19.1

综合上述分析可以看出，我区 1～2 月份宏观经济无论是与上年同期相比，还是与全国平均水平和相邻省区相比，均呈现出相对较强的增长态势，这是全区上下认真贯彻国家扩大内需的政策措施，努力化解影响经济发展的各种不利因素所取得的成果。

二、经济运行中存在的问题及深层原因分析

（一）工业增速加快，但企业利润增幅回落

从单月情况看，规模以上工业增加值同比增长呈逐月较快回升之势。但工业企业效益情况堪忧，1～2 月份规模以上工业企业利润下降了 9.4%，亏损企业亏损额上升了 155.8%。

1. 主要工业品产量普遍快速增长，但产销率不尽如人意

如前所述，2 月份我区主要工业产品产量增长普遍加快，其中原煤、钢材、发电量等主要工业产品产量增速有了不同程度的提高，利税收入大幅度增长，但销售并不理想。1～2 月份，全区工业产品销售率 95%，同比下降 0.1 个百分点，低于全国水平 2.2 个百分点，在全国 31 个省、市、自治区中排名第 25 位，位次较低，为近年来所少见。此外，2 月份全区铁路完成货物发送量增速同比增长 1.4%，但比上月下降了 13.6 个百分点，说明产品库存将会再次处于高位，库存压力将会进一步加大。

2. 主要行业增长受到国内外市场的制约

粗钢和钢材生产过快恢复，市场需求情况堪忧。我区 2 月份粗钢产量当月增长 2.2%，累计增长 14.5%；钢材当月增长 34.7%，累计增长 26.6%。由于我区对钢材的需求有限，需求主要依靠区外，而目前国外市场严重萎缩，国内市场也未出现明显回暖。据估计，目前全世界钢产量下降 40% 左右，今

年钢材出口量将下降80%。而全国2月份钢铁生产超常规非理性生产，导致库存增大，产销率降低，进口铁矿石价格大幅增长。全国钢材库存由2008年底的566万吨，增加至2009年2月底的1096万吨，创历史最高水平。而我区钢铁生产大户包钢，进口矿石约占30%，进口矿石价格的上涨无疑将增加生产成本，缩小利润空间。此外包钢钢材产量的15%左右依靠出口，目前国内外市场形势对我区消化现有库存，进一步增加生产无疑较为不利。目前的增长亮点是包钢轨梁型材钢材。包钢是目前我国三大钢轨生产基地之一，生产技术达到国际先进水平，随着我国加大基础设施建设的力度和国外市场的开拓，市场空间较大，是拉动钢材的新增长点。

煤矿逐步复产，库存减少，煤炭市场需求喜忧参半。我区2009年以来煤炭产量增长迅速回升，目前全国煤炭行业也出现了一系列回暖迹象，前期严峻的煤炭供求形势有所好转，煤炭库存回落，2月末全社会煤炭库存比年初下降9.95%。煤炭行业下游需求有所回升，如电力行业2009年2月份发电量同比2008年有了一定幅度增加，增强了煤炭行业的信心。全国煤炭运输风向标秦皇岛港3月以来到港船舶与煤炭吞吐量迅速攀升，3月1日至17日，秦皇岛港煤炭装船1034万吨，同比增长了43.4%。但实现原煤产量的持续上升仍有阻力。据有关权威人士分析，2009年全国电厂对煤炭的需求量将整体少于2008年，因此产能过剩问题将不可避免。据统计，神华集团2月份煤炭销量下降了两成。

煤炭价格方面，据央行公布，2月份原煤价格环比持平，但同比上升14.2%。加之预期国际煤价会进一步下跌，对国内煤炭价格带来一定的压力。来自海关总署的数据显示，中国2月份的煤炭进口量达488万吨，较1月份的299万吨环比增长63%，同比增长也达到73%，创下了22个月以来的新高。金融危机之后国际市场煤价迅速下坠，与国内的价差优势再次显现，加之南方一些省市出于价格优势开始大量进口原煤，使已经比较低的煤价，在增值税及资源税的压力下更加重了向下的压力。在此形势下，国家电煤合同指导价很可能于近期出台，涨价幅度很可能为4%，从而促使全国煤炭价格趋稳，发电企业的成本也会得到保证。

3. 多边交易电价对工业生产的影响有限

1~2月份，在全区发电量小幅回升，工业较快增长的同时，全区盟市用电量和工业用电量双双下降。分盟市看，全区除呼和浩特市、巴彦淖尔市、通辽市和兴安盟外，用电量均有不同程度下降，当月下降幅度最大的锡林郭勒盟、乌兰察布市和鄂尔多斯市，分别下降35.24%、33.24%和29.06%。发电量回升的主要原因是我区东部地区外送电量的增长，而工业较快上升和用电量的下降，尤其是工业用电量的减少，主要受电石和铁合金行业的影响。我区铁合金和电石行业用电量约占全部工业用电量的五成，而 2 月份降幅却分别高达 55.98% 和 30.31%。

多边交易电价对 2009 年以来我区工业生产的恢复起到了一定的作用，但分析结果表明，其作用较为有限。一是电石和铁合金之外的钢铁水泥等耗电量较大的行业，其增长趋势基本和全国一样，主要是受同行业和市场需求情况所左右，生产的恢复性增长并非主要考虑电价因素。二是 2 月中旬多边交易电价暂停待完善，但 2 月份工业增加值增长速度高于 1 月份，可见电价因素对工业增长的影响有限。三是 2 月 25 日国家发布了积极稳妥地推进大用户直购电试点工作的通知，规定对符合国家产业政策要求的大型工业企业，用电电压等级在 110 千伏及以上的，可以按自愿协商的原则，向发电企业直接购电，电价由供需双方协商确定，同时按国家规定的输电价格支付输电费，并缴纳随电价收取的政府性基金与附加费。由于直购电价格低于电网电价，发电企业可以获得相对稳定的负荷，对发电企业和工业生产企业都有利，进而促进工业的稳定增长。

（二）确保投资预期目标实现的压力持续增大

从数量上看，1~2 月份固定资产投资总量仅为 35.59 亿元，同 2008 年我区 5596 亿元的投资总额相比，所占比重很小，对整个投资的影响有限。第二季度，随着金融危机对我区实体经济的影响继续蔓延和加深，预计未来我区固定资产投资保持快速增长态势将面临较大压力。

1~2 月份固定资产投资较快增长的主要原因：一是争取国家投资的结果。2008 年第四季度以来，我区抓住国家扩大内需、加大投资的机遇，积极争取中央投入，截至目前已累计争取到国家各类建设资金 80.2 亿元。特别是 2008 年国家对新增 1000 亿元投资提出要尽快形成实物工作量的要求，冬季我区项目不能施工，但按照国家要求，提前购买材料、设备，对投资增长产生了一定拉动作用。二是国家结构性减税政策，国家扩大内需政策对钢轨、电力等能源原材料需求的增长，中央政府代发 2000 亿元的地方政府债券，相关产业振兴规划，以及多边交易电价、促进工业经济加快发展指导意见等自治区各项措施的效应开始显现，部分原材料以及工业制成品的价格企稳回暖，企业信心有所恢复，投资扩张意愿有所上升。三是金融机构围绕国家新增投资中的基础设施等重大项目，加快信贷投放力度，再加上"早放贷早受益"，推动了整体投资较快增长。

1. 从政府投资看，国家预算资金占我区投资的比重逐步降低，尚不足5%

2009、2010年中央计划安排投资（2008年已安排1000亿元），按每年4900亿元和我区2009年争取到的比例2.5%测算，可争取到近123亿元，最多也就占到全部投资额的2%左右，不足以弥补外部需求下降带来的投资需求下降缺口。同时，由于未来经济何时复苏存在很大的不确定性，2008年四季度我区企业家信心指数为128.80，比三季度下降24.1点，比2008年同期下降27.22点；企业景气指数为126.01，比三季度下降28.72点，比去年同期下降24.74点。央行2009年一季度企业家问卷调查结果显示，企业景气状况仍惯性下滑。企业家认为宏观经济仍在下行，宏观经济热度指数比上季度下降5.9个百分点，接近1993年开展调查以来的最低水平。企业经营状况和市场需求继续下滑，一季度企业经营状况指数和国内订单指数分别比上个季度下降5.1个百分点和4个百分点。在经济形势明朗之前，景气的恢复还需观察，政府投资在短期内很难对社会投资产生较大带动效应。

2. 从自筹资金看，我区自筹资金占建设资金的比重高达80%左右，主要包括企业自有资金和区外招商引资

在当前形势下，我区企业也面临着产品需求下降、库存压力增大、利润空间受到严重挤压等困难，普遍存在自有资金短缺、周转困难等问题，从而限制了企业自身的投资能力。而工业企业利润普遍下降的同时，2月份我区财政收入实现较快增长，表明企业税费负担加重，进一步挤压了企业的利润空间，致使其未来投资意愿不强。房地产投资占全部固定资产投资的比重在13%左右，受房地产市场持续低迷的影响，房地产企业普遍面临着资金链断裂的危险，投资收缩成为主基调，这使上半年全区固定资产投资增长前景难卜。目前我区招商引资资金约占全社会固定资产投资的40%，国内企业经营状况和市场需求继续下滑也使得我区招商引资受阻，将增加我区投资下滑的风险。

3. 从银行贷款看，1～2月份新增贷款主要投向了国家4万亿投资中的基础设施等政府投资项目

在经过2008年底和2009年初的密集信贷投放后，商业银行对中小企业等方面的信贷需求会更加谨慎对待，企业融资面临阻力。非国有企业固定资产投资占全部投资的比重超过60%，而2月份私营企业及个体短期贷款60.9亿元，仅占全部短期贷款的3.1%。

综上所述，目前我区固定资产投资高速增长的态势能否持续，主要取决于政府投资能否尽快、有效带动民间投资。

（三）县及县以下消费增速较快回落，亟须加大消费力度，培育新的消费热点

1. 2 月份社会消费品零售总额增速回调，县及县回调幅度较大

自 2008 年 10 月份以来，随着经济的回调，我区社会消费品零售总额月度增长速度也相应呈下滑态势（参见图 1），在全国的位次从第 2 位下降到第 5 位。分不同区域看，市的回调相对平缓，而县和县以下回调幅度较大，与市的增长速度差距从 2008 年 10 月份的 0.4 和 3 个百分点，变动为到 2 月份的 1.1 和 2.5 个百分点。反映出由市到县、县以下，消费增长的刚性逐渐减弱，金融危机的冲击对农村牧区消费的影响比城市更大。虽然国家和自治区近期制定了建设"万村千乡市场工程"、开展"家电下乡"等一系列拉动农村牧区消费的政策，一定程度上延缓了其消费下滑的走势，但目前看来效果较为有限。有待于各项政策的落实到位，进一步发挥对消费的拉动作用。

扩大农村牧区消费，关键在于增加农牧民收入。尽管通过引导和扩大农村牧区消费，可以拓展部分行业的市场空间，但不能只是在城市企业出现严重的产能过剩或出口滞销问题时，才想到农村牧区市场。

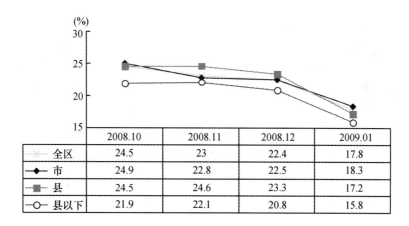

	2008.10	2008.11	2008.12	2009.01
全区	24.5	23	22.4	17.8
市	24.9	22.8	22.5	18.3
县	24.5	24.6	23.3	17.2
县以下	21.9	22.1	20.8	15.8

图 1　全区社会消费品零售总额月度增长速度对比

2. 消费倾向比较单一，需要培育新的消费热点

尽管目前我区房地产消费低迷不振，但汽车及相关消费迅速增温。1～2 月份，全区汽车类和石油及制品类消费零售额分别为 26.17 亿元和 50.82 亿元，占全区社会消费品零售总额的比重分别高达 5.77% 和 11%；增长速度分别为 22.3% 和 20.4%。消费地区主要集中在呼和浩特、包头和鄂尔多斯三

市。近两年，三地汽车保有量增长 53%，私家车拥有量增长 66%。其中鄂尔多斯市平均每 5 人拥有一辆小轿车，位居全国城市人均小轿车拥有量首位；呼和浩特市汽车保有量增长了 53%，其中私家车拥有量增长 66%，2008 年日均轿车上牌量为 300 余辆，2009 年一季度日均上牌量超过 500 辆。

然而，汽车消费毕竟属于高档消费，对于我区中低收入居民来说，还不具备这种消费能力，需要针对大众开发新的消费热点。从图 2 可见，金融危机爆发以来，零售业等传统产业的消费增长相对下滑缓慢，而其他行业消费增长速度到 2009 年 2 月份已经降到了 10.6%，下降了 2.66 倍，亟待培育新的消费热点。

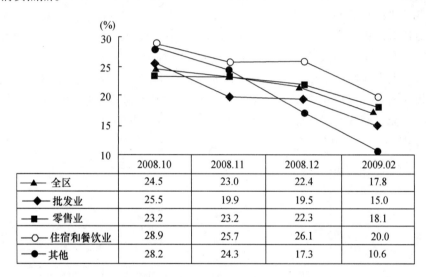

(%)	2008.10	2008.11	2008.12	2009.02
▲ 全区	24.5	23.0	22.4	17.8
◆ 批发业	25.5	19.9	19.5	15.0
■ 零售业	23.2	23.2	22.3	18.1
○ 住宿和餐饮业	28.9	25.7	26.1	20.0
● 其他	28.2	24.3	17.3	10.6

图2　全区社会消费品零售总额月度增长速度分行业对比

三、促进全区经济平稳较快发展的政策建议

（一）加强组织调度，保障工业经济平稳运行

把握宏观经济走势，提高分析与预警能力。跟踪国内外市场变化及国家宏观政策调整对企业的影响，对受金融危机影响较大的能源、化工、矿产、建材等行业和停产、半停产企业深入开展调查研究，及时提出指导意见和应对措施，努力帮助企业摆脱困境。

加大生产要素综合协调力度。加强煤炭综合协调，抓好煤炭产需衔接，确保供求平衡；做好铁路运输沟通联络，做好计划上报工作，保证进出物资畅通；做好发电计划调整和发电量调控目标的制定，加强电力行业管理和运行协调，开展好电力资源和电力需求的监控、分析，研究电力市场变化的新情况、新问题，及时调整和完善有关政策，继续争取相关电价政策支持。

（二）加大资金和政策扶持力度，帮助企业走出困境

加大资金扶持力度。建立工业经济运行调节专项资金，重点用于解决当前制约工业经济健康运行的突出问题，对关系民生和就业的区域性规模企业给予扶持。对关系民生和产品有市场、信用记录良好、流动资金困难的企业给予贷款贴息支持；对确因暂时资金周转困难停产的产业带动性强，吸纳就业岗位多，产品有市场，且对区域经济和财政收入有重大影响的重点骨干企业和产品出口的劳动密集型企业，给予一年期的临时资金救助支持，帮助企业恢复生产。各地财政也要配套建立工业经济运行调节专项资金，增强运用经济手段调节工业平稳增长的能力。

认真落实税收扶持政策。用足用好企业技术进步、节能减排、再生资源利用等税收政策，增强经济发展活力。规模以上企业在当年度缴纳的企业所得税增量地方留成部分，全部返还企业，用于技改、研发、创新。对现金流困难的企业，当年发生的企业所得税允许年底前一次性付讫。

进一步减免征收一批涉企收费项目。在取消和清理 108 项行政事业性收费项目的基础上，进一步暂停征收或减收一批涉企收费项目，能取消的一律取消，暂时不能取消的，要创造条件逐步取消。整顿规范中介机构等经营性服务收费，把收费标准下限作为上限，在此基础上经双方协商再予以优惠。

（三）增加流动资金，确保企业正常生产经营

扩大流动资金贷款。抓住国家实行适度宽松货币政策的机遇，引导金融机构优化贷款结构，加大短期贷款特别是工业短期贷款投放力度，各国有商业银行、股份制银行要积极向上争取增加授信额度，加大信贷投放规模，简化审批流程。认真落实县域内金融机构新吸收存款主要用于当地发放贷款的政策，增加县域企业信贷规模。巩固和加强与金融部门的合作，积极搭建银企合作平台，积极向银行推荐重点企业和重点项目，引导金融机构加大有效信贷投放。同时，抓紧落实已形成的贷款意向。

全力拓宽企业融资渠道，增加流动资金。鼓励企业积极采用发行短期债券、票据贴现、股权融资、出口创汇贷款、委托贷款等多种贷款形式，推进风险投资和私募基金发展，支持企业直接融资，探索非上市公司股权交易。

努力拓展中小企业融资渠道。扩大对中小企业的信贷规模，降低企业融资成本。鼓励各银行机构成立中小企业贷款中心，建立中小企业贷款单独调查、评估、立项、审批、发放的快速通道。大力挖掘民间资金潜力，通过优惠、宽松的政策，鼓励有投资意向、实力强、业绩好的企业和自然人筹建小额贷款公司、村镇银行、农村资金互助社等新型金融机构，为中小企业提供灵活、便捷贷款服务。鼓励利用产业链的产业协作关系，进一步拓宽中小企业融资渠道。设立专项风险补偿基金，鼓励企业参与网络联保信贷业务，利用电子商务平台扩大融资。增加担保资金，提升担保能力，组建再担保公司，为中小企业贷款提供担保服务，加强对担保机构的培育，尽快下放担保权和审批权，发展更多的多元投资的担保企业。

（四）推动产需衔接，支持企业开拓市场

积极帮助企业搞好产需衔接，组织区内相关企业和项目建设单位尽快与国家重大项目、投资的重点领域进行对接、开拓市场、抢抓订单、抢占份额。

加大市场开拓力度。组织区内中小企业参加国家和区域内各种展会，拓展区外市场，各级政府对参展企业给予展位费补贴；引导企业加快发展现代营销方式，增强企业市场开拓能力，对当年企业开拓国内市场和国外市场实现的销售量占比在50％以上的企业，给予一次性市场开拓费用补贴。

扩大地方产品消费需求，鼓励各级政府机关、社会团体和企业优先购买区内企业产品，推动采购资金向区内企业倾斜；鼓励项目业主单位在坚持市场配置建设要素的前提下，按照同等优先原则，优先选用区内施工企业，优先购置区内企业生产的设备，优先使用区内企业生产的原材料。区内企业要按照项目业主单位的要求，积极调整产品结构，开展优质服务，保证项目建设需要。

（五）加快推进投资项目建设，确保经济平稳快速增长

加快重大项目的推进。围绕"确保投资增长、确保开工完工、确保行业稳定"三大战略目标任务，解决建设过程中的实际困难和问题，确保项目资金及时到位和形成有效的投资工作量；做好项目检查督促工作，形成优质高效的项目建设推进机制，加快项目建设；做好项目储备，保证重大项目的连续性建设。

积极筹措建设资金。以银行信贷为主，赤字财政、减税、银行信贷和民间投资为辅，努力突破资金的瓶颈制约，大力撬动项目建设。抓住国家实施适度宽松货币政策的有利时机，加强与各金融机构的沟通，抓紧落实项目资金；继续加大招商引资力度，拓宽投资渠道，吸引民间投资和外资；积极争取更多的国家投资，积极筹备发行地方政府债券的工作事宜；整合政府有效资源，拓宽融资渠道，搭建新的融资平台；促进优质企业申报发行债券或上市，扩大直接融资规模。

加快改善投资结构。紧紧抓住十大产业调整和振兴规划出台的重要机遇，对投资结构进行调整和优化，促进重大产业完善布局。在继续加大对基础设施、基础产业的投资力度基础上，尽量增加对有利于经济长远发展、有利于节能减排、有利于改善民生的项目的投入。

（六）深化住房制度改革，促进房地产消费

鼓励房产消费，保障房地产投资拉动。2008 年自治区房地产投资占全社会固定资产总投资的 13.3%，是对我区经济拉动最明显的投资消费品之一。我区居住价格依然居高不下，使房地产市场还是徘徊在低迷状态。因此，我区继续加大廉租住房保障力度的同时，着力调整住房供应结构，鼓励居民自主型、改善型住房消费，进一步改进存量房市场和住房租赁市场。加强市场监测、分析和信息发布，加快空置房消耗，促进我区房地产业健康稳定发展。深化住房制度改革，研究制定农民工住房政策。打破城乡壁垒，呼包鄂地区试点启动公积金贷款购房"同城化"，提高公积金利用效率，为百姓购房提供方便。

（杭栓柱、杨臣华、包思勤、安士玲、黄占兵、毕力格、李文杰、付东梅）

如何看内蒙古 2009 年一季度的经济走势

2009 年以来，面对严峻复杂的国内外经济环境，全区上下坚持以科学发展观为指导，认真贯彻落实中央和自治区保增长、扩内需、调结构、惠民生的各项政策措施，精心组织、多措并举、积极应对，实现了一季度经济良好开局。这对于我区今后的经济走势应如何判断，经济增长的势头能否继续保持，下一步如何在保增长的同时进一步提高经济发展质量和水平，努力实现经济社会发展的各项目标十分关键。

一、从一季度经济运行出现的积极变化看二季度的走势

（1）从一季度的数据看，我区已经有一些经济领先指标，比如用电量、新开工项目和信贷规模等在转好，这些指标显示投资在增长，也意味着我区经济在未来 3 ~ 6 个月后会有一个增长态势。从 GDP 来判断，我们认为实现全年目标任务问题不大，预计上半年生产总值为 15.6%（见图 1）。

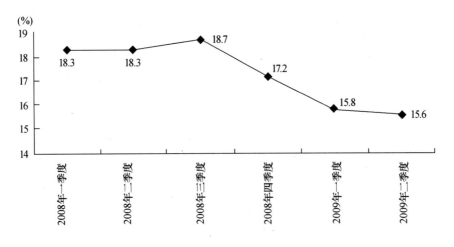

图 1　全区生产总值季度累计增速变动趋势

（2）规模以上工业增速渐趋平稳。在全区 37 个工业行业中，有 34 个行业保持增长，煤炭开采及洗选业、电力及热力生产和供应业、黑色金属冶炼及压延加工业三个行业增加值均超过百亿元，三大行业的增加值占整个规模以上工业增加值的 51.4%，成为一季度全区工业增长的首要原因。一季度，全区六大优势特色产业完成工业增加值 717.3 亿元，同比增长 20%，占全区规模以上工业增加值的 90%，拉动全区工业增长 18 个百分点。同时，企业家信心指数回升、企业景气指数降幅收窄、发电量逐步攀升、电力投资实现正增长、主要工业产品普遍加快增长，这些因素将支持二季度工业增长速度保持相对稳定，预计二季度工业增加值增速为 21.5% 左右（见图 2）。

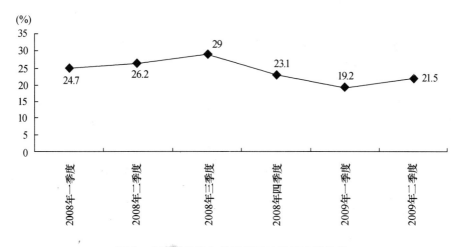

图 2　全区工业增加值季度累计增速变动趋势

（3）固定资产投资较快增长，一批重点项目取得积极进展。一季度，全区工业重点项目陆续开工建设，2009 年 75 个计划新开工项目在一季度已开工建设 27 个，开工率为 36%，同比提高了 15.3 个百分点。农牧业投资同比增长约 4%，一季度全区下达财政支农资金、各级农村信用社发放农牧业贷款分别增长 78% 和 53.8%。预计二季度中央扩大投资政策的效果将继续发挥作用，全区投资仍会保持一个快速增长的势头，固定资产投资额增长速度约为 35%，低于一季度水平，但约高于 2008 年同期 10 个百分点（见图 3）。

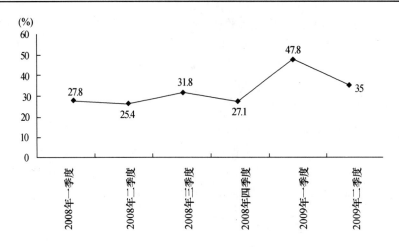

图3　全区固定资产投资季度累计增速变动趋势

（4）随着国家和自治区一系列促进消费、改善民生的政策效应的逐步显现，将改善居民消费预期，鼓励其消费热情，此外根据我区消费增长季度特点，二季度通常高于一季度，综合预计2009年二季度社会消费品零售总额增长约为20%，高于一季度0.6个百分点左右；城镇居民人均可支配收入和农牧民现金收入增速将分别为15%和17.5%（见图4、图5）。

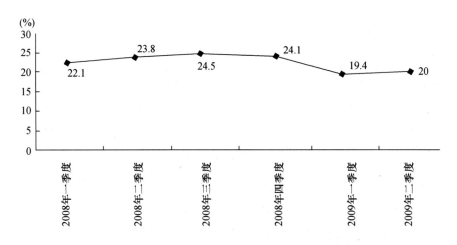

图4　全区社会消费品零售总额季度累计增速变动趋势

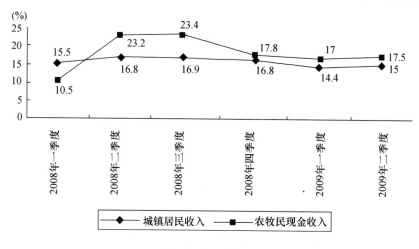

图 5　全区居民收入季度累计增速变动趋势

二、外部需求萎缩使我区经济面临的下行压力增大

当前国际金融危机还在发展和蔓延，全球经济陷入衰退。我国对外经济发展困难很大，大量行业产能过剩严重，产品市场面临前所未有的剧烈波动，直接影响了我区的能源原材料市场需求。

（一）市场需求不足，产能严重过剩

从全国的行业层面看，目前产能过剩问题不仅存在于以房地产、汽车等为代表的产业，而且存在于钢铁、电力等能源、原材料行业，同时也存在于纺织、鞋帽等轻工行业。国家发改委对部分行业生产能力过剩情况进行调查的结果显示，钢铁、电解铝、铁合金、焦炭、电石、汽车、铜冶炼等行业产能过剩的问题比较突出。2009 年，钢铁生产能力将超过 6.5 亿吨，而实际需求仅有 5 亿吨；汽车生产能力约为 1200 万辆，需求量约为 950 万辆；铁合金生产能力 2200 多万吨，而目前企业的开工率仅为 40%。金融危机的爆发使我国大部分工业产能过剩问题暴露了出来，产能过剩导致部分行业产量下降，2008 年下半年以来以汽车、化工、钢铁、电力等为代表的部分重工业行业生产下滑幅度偏大。由于重工业涉及行业多，产业关联广泛，当最终需求增长放缓时，链条上每个产业都会调整自身库存，缩减生产规模，并且不断向上游产业传导。另外，在全部 39 个工业行业中，32 个行业 1～2 月工业出口交货值出现下降，有色金属、化工、机械等行业降幅居前，有的行业如黑色金属矿采选业降幅达 80% 以上。

从我区的行业层面看。一季度，我区工业产品产量增加主要是原煤、钢材和水泥等几大产品。主要原因是国家对铝锭的收储和我区"白货"运力的不足，以及包钢的百米重轨成为铁道部的长期订单产品；再有多数企业看到国内市场出现回暖，陆续开工，致使主要工业产品产量大幅上升，使我区冶金行业保持了 20% 以上的增速。

2009 年以来，钢材价格在经历了 1 月份的短暂反弹之后，从 2 月份开始，各品种钢材连续 8 周下滑，4 月第 1 周，国内钢材综合指数已经跌至 97.16 点，创出新低。2008 年四季度以来，铝锭的价格从 18000 元/吨左右跌至 2009 年 4 月的 14420 元/吨，其间最低价为 10400 元/吨。目前，铝锭的价格有所回升。但从长期看，价格回升趋势难以持续，铝锭价格将会再次走低。国内市场 4 月份铝锭的期货价格为 13100 元/吨，低于现货价格 1000 元左右，这是价格走低的前期预兆。国际市场铝锭的价格是 1510 美元，相当于人民币 10300 元，远远低于国内价格，再有伦敦金属交易所目前铝锭的库存是其正常的 5 倍，创出历史新高，国际市场库存增大和较低价格，将给铝锭的国内市场价格带来不利的影响。

伴随着目前工业品价格急速回落，市场需求明显收缩，生产资料库存再度攀升，我区产能过剩矛盾加剧，企业利润大幅下降，亏损严重，流动资金紧张。1～2 月，全区规模以上工业企业实现利润 63.6 亿元，比 2008 年同期减少 6.6 亿元，同比下降 9.4%。预计一季度全区规模以上工业企业实现利润 98.6 亿元，同比下降 8%；亏损企业亏损额 45 亿元，同比增长 1.3 倍。一季度，包钢集团实现销售收入 86.84 亿元，同比增长 0.99%，亏损 9082 万元，同比减少 123.1%；包铝集团实现主营业务收入 1.35 亿元，同比下降 38.23%，亏损 1773 万元；包头铝业实现销售收入 9.95 亿元，同比减少 21%，亏损 6187 万元。企业利润大幅下降主要原因是产品价格下跌，但是 2008 年四季度以来的金融危机只是价格下跌的诱因，根本原因是主要产品产能严重过剩，导致各行业均有不同程度的亏损，当前工业形势极不乐观。

（二）投资增长压力继续加大

一季度，固定资产投资较快增长的主要原因在于：一是 2008 年四季度以来，我区抓住国家扩大内需的机遇，积极争取中央投资，目前累计争取到生态、工业、保障性住房、农村基础设施、交通、水利、城建和环保等各类国家建设资金累计 81.06 亿元，落实中央代发地方政府债券 57 亿元。二是随着国家结构性减税政策和多边交易电价、加快工业经济发展指导意见等自治区相关优惠政策效应的显现，加上部分原材料以及工业制成品的价格较 2008 年四季度有不同程度回升，企业投资扩张意愿有所上升。三是金融机构围绕国家新增投资中的基础设施、保障性住房等重大项目集中投放信贷，推动了整体投资较快增长。

随着金融危机对我区实体经济的影响继续蔓延和加深，我区固定资产投资增长依然面临较大压力。一是从政府投资（占我区投资的比重不足 5%）看，2009、2010 年中央计划安排 1.08 万亿元中央投资（2008 年已安排 1000 亿元），按每年 4900 亿元和我区 2009 年争取到的比例 2.5% 测算，可争取到近 123 亿元，最多也就占到全部投资额的 2% 左右，根本不足以弥补外部需求下降带来的投资需求下降缺口。同时，受未来经济不确定性的影响，企业景气状况仍将惯性下滑，这使得政府投资在短期内很难对社会投资产生较大带动效应。二是从自筹资金（占我区投资的 80% 左右）看，我区工业企业面临着产品价格和需求下降、库存压力增大、效益下降过快等困难，普遍存在自有资金短缺、周转困难等问题，从而限制了企业自身的投资能力；同时我区部分高附加值产品主要用于满足国外或国内出口型企业的需求，受外部需求下降影响，生产企业又转向煤炭开采，从而使利润下降，影响其投资能力。房地产投资占我区投资的 13% 左右，受房地产市场持续低迷的影响，房地产企业普遍面临着资金链断裂的危险，一季度房地产投资仅增长 33.9%，同比下降 29.7 个百分点，自 2008 年 5 月以来已连续 11 个月下降，上半年房地产投资收缩将成为主基调。招商引资资金（占我区投资的 40% 左右）方面，国内企业经营状况和市场需求惯性下滑也将使上半年我区招商引资受阻。三是从银行贷款看，一季度我区新增贷款主要投向了国家 4 万亿元投资中的基础设施等政府投资项目，在经过 2008 年底和 2009 年一季度的密集信贷投放后，接下来商业银行对其他一些项目和制造业、中小企业的信贷需求会更加谨慎地进行甄别，从而导致信贷增速回落，企业融资受到阻力。因此，我区下一阶段固定资产投资能否继续保持快速增长态势主要取决于政府投资能否尽快、有效地启动民间投资，还取决于招商引资的规模和结构。

（三）财政增收形势不容乐观

一季度，全区财政收入增长较快，主要原因在于：从结构看，非税收收入增长偏快。一季度，靠探矿权、采矿权使用费及价款收入、国有资本经营收入、行政事业性收费收入和罚没收入等的高增长支撑，非税收收入增长 112.5%，同比提高 97.3 个百分点，占一般预算收入比重为 32.5%，比上年同期提高 10.8 个百分点，而税收收入增长同比明显放缓，增速仅为 22.9%，同比下降 27.9 个百分点；占一般预算收入比重为 67.5%。这也暴露出我区财政收入结构不尽合理的问题。

分地区看，鄂尔多斯市财政收入占全区"半壁江山"。一季度，鄂尔多斯市、乌海市、阿拉善盟、通辽市、包头市、呼伦贝尔市、锡林郭勒盟、呼和浩特市和巴彦淖尔市9个盟市财政收入实现增长，其中鄂尔多斯市增长最快，增速高达89.5%，财政收入增加额占全区新增额的58.8%，税收收入增加额占全区的90%。受有色金属、电力、钢铁需求下滑等因素影响，乌兰察布市、赤峰市和兴安盟财政收入呈负增长，增速分别为－23.6%、－15.5%和－5.3%。这表明各盟市财政收入增长十分不均衡。

下一阶段财政增收形势不容乐观。一是拉动我区一季度财政收入高增长的非税收入多为一次性收入，上半年这部分收入会明显下降。二是我区经济增长取决于全国经济增长，尽管一季度全国经济出现了回暖迹象，但随着金融危机的继续蔓延和扩散，上半年能否触底反弹尚难判断，这也将使钢材、铜、电解铝等主要工业产品市场需求和价格短期内继续保持低位，从而使我区工业企业效益进一步下降，财政收入来源明显减少。三是2009年国家实施积极的财政政策，实施增值税转型改革、小规模纳税人增值税率下调、营业税起征点提高、促进房地产业发展税率下调等结构性减税，预计我区全年政策性减收100亿元以上，加上促进近几年财政收入增长快的一些特殊因素减少或消失，上半年我区财政增收将受到明显影响。因此，下一阶段财政收入能否保持较快增长态势主要取决于企业效益能否提升。

三、下一阶段的主要工作

（一）支持企业开拓市场，努力扩大销售，力争尽快扭亏增盈

加大市场开拓力度，确保市场份额，对当前没有市场及产能已过剩的产品一律停止生产，努力做到产销平衡。优化产品结构，加大对市场需求旺盛产品的生产规模，提高独有和领先产品比例。加强库存管理，压缩存货资金占用，加强现金流管理，努力保持经营业绩的稳定。

支持企业采取灵活销售措施，适度提高销售费用在成本费用中的比例，开展各种促销活动，大力提高产销率。

积极推进企业战略合作，鼓励区内上下游企业开展多种形式的联合协作，形成互为市场、利益共享、风险共担、协同发展机制。推进企业深层次战略重组，支持优势企业通过强强联合、兼并重组等措施，实现低成本扩张，提高企业整体竞争能力。

按照"企业储备、银行贷款、市场运作"的基本原则，鼓励生产企业和

民间资本开展有色金属等重要原材料产品储备，储备资金由储备企业以产品质押方式向银行贷款解决，资金封闭运行。

（二）促进民间资本的有效跟进，增强经济发展的持续性

加大金融对内开放的步伐，允许民间资本进入金融领域，筹建社区银行、村镇银行、小商人银行、小额贷款公司等民间银行，给民间金融以合法地位，合法经营，降低中小企业的融资成本和风险。

最大限度开放投资市场。允许民间资本进入公用事业和城市基础设施领域，包括轨道交通、公路、供水、供热、污水及垃圾处理等市政公用事业和城市基础设施的投资建设和运营。允许民间资本进入社会事业领域，包括科教文卫等社会事业领域，民间资本可独资办学，符合条件的民办医疗机构可以进入社会医疗保险体系和医疗卫生服务体系。允许民间资本进入各类垄断行业和领域。对其中的自然垄断业务，民间资本可以参股等方式进入。对其他业务，非公有资本可以独资、合资、合作、项目融资等方式进入。对于银行、证券、保险等金融机构的改组改制，可在遵守国家政策并有效防范金融风险的前提下参与。

拓宽民间投资的资金来源。不断创新个人投资品种，拓宽居民投资渠道，激活居民储蓄存款，扩大民间投资。通过选择具体项目，银行把社会公众的资金聚集起来，以委托方式进行投资；建立产业投资基金，使具备条件的私营企业发行企业债券融资，吸引民间大量闲散资金参与项目建设；通过联合投资方式，把分散资金联合起来，搞大项目；加大招商引资力度，吸引民间资本雄厚的地区来我区投资兴业，鼓励现有私营企业通过招商引资做大做强。支持民间投资项目按照规定申请使用外国政府贷款和国际金融机构贷款。

积极发挥政府对民间投资的引导作用。把促进民间投资纳入各级政府年度政绩考核范围，制定并明确落实鼓励民间投资的政策措施，根据各地产业规划、城乡规划、环境保护、资源利用方面的现状和要求，引导民间资本投向。有关部门要加强与民间投资有关的政策和信息收集整理、分析研究，提出引导民间资本的项目和载体，定期发布。统计部门要加强对民间投资情况的统计，将其纳入社会经济统计范围，规范统计口径，完善统计渠道，为指导民间投资提供准确、快捷的信息数据资料。

（三）推进重点项目建设，确保投资较快增长

加快项目建设实施进度。抓住天气转暖、项目施工的黄金季节，加快推进工业、基础设施、民生等项目建设，争取多开工建设、多完成工作量，为实现全年投资目标奠定坚实基础。基础设施建设要适度超前、多安排；交通、水利、电力等工程和增产百亿斤商品粮工程要精心组织，力争早复工、早开工、加快建设。民生工程要解放思想，创造条件大力引导社会力量放手去干。对全区上半年拟新开工的重点项目，要明确责任，逐个落实，确保按期尽早开工建设。

做好项目前期和谋划工作。有关部门要密切配合，简化程序，建立协调畅通、高效运转的"绿色"审批通道，开展集中审批。深入谋划一批重大项目，尤其是高端产业项目、高新技术成果产业化项目，全面提高项目质量和水平。

积极筹措项目建设资金。加强与国家有关部门的联系沟通，有针对性地组织好后续项目，积极争取国家支持，落实地方投入资金，抓紧推进落实57亿元地方政府债券。发挥财政资金引导作用，创新机制、方式，吸引更多的社会资金投入项目建设。大力开展招商引资，集中力量对已签约项目搞好跟踪落实，提高项目的履约率和资金到位率。重点组织好重大经贸交流活动，强化产业招商、园区招商，做好PVC深加工、专用机械配套、有色金属冶炼加工、稀土和陶瓷、硅产业及大型电力配套设备制造六个重点行业招商引资工作。

切实加强项目监督管理。强化对重点项目、重点工程监督，特别是对水利、交通等投资规模大、建设项目多的领域、重点部门以及关系民生、影响面大的重点项目，搞好资金运用全过程监督，严格执行国家有关政策和财经纪律，坚决防止项目建设资金跑冒滴漏、挪作他用甚至浪费贪污等行为发生。

强化项目建设组织保障。各地、各部门要把投资和项目建设作为政府绩效评估的重要内容和主要依据，加强考核评价，建立各级领导包保重点投资项目责任制，明确职责分工，落实目标任务。

（四）加强煤电运的综合协调，保障工业经济平稳运行

加强煤炭产、运、销衔接。按照保市场、保价格、保运力的要求，搞好煤炭产运需衔接工作。抓住市场回调时机，发挥资源优势，鼓励和支持煤、电、焦、化企业联合重组，做大做强一批煤—电—铝、煤—焦—冶、煤—焦—化、煤—化等产业关联度高的大企业、大集团，提高企业抵御市场风险的能力和市场竞争力。

加强电力调度，确保用电负荷稳定增长。发电指标向高效节能的大机组及承担城镇重要民生工程项目的机组倾斜，鼓励生产技术水平高、能耗低、效益好的优势企业开足马力生产。对产业优势突出、装备先进、带动作用强、主动进行产品结构优化升级和技术改造的骨干企业，实行适当的电价倾斜。

支持电力供需双方根据市场变化采取更加灵活多样的措施办法解决电力供需矛盾，继续推进电力多边交易。按照国家即将出台的有关大用户直供的指导意见，依据发电、用电、供电三方共赢的原则，推进符合产业政策要求的优势企业与大型发电企业实行大用户直购电试点工作。

加快、督促落实区内电煤购销合同，落实铁路运力，确保重点发电企业电煤落实到位。建立、完善电煤供应定期通报制度，监督电煤供应合同的履行，加强考核，严格奖惩，形成保障电煤有效供应的运行机制。

（五）落实财税优惠政策，进一步清理涉企收费

不折不扣落实国家对企业的财税扶持政策。在坚持依法征税、应收尽收的同时，坚决杜绝"寅吃卯粮"、收过头税、转引税款、虚收空转和为增加收入而违规提高企业预缴所得税比例。对违反规定的政府和部门主要负责人，要严肃追究其责任。

继续加强财政税收扶持力度。对规模以上工业企业在 2009 年度缴纳的企业所得税增量地方留成部分，结合企业技术改造、技术创新和产品升级项目建设情况，在分配扶持各项支持企业发展资金时给予倾斜；各级税务部门要积极指导、帮助企业落实增值税转型政策，促进企业投资和技术改造。加大对现金流困难企业缓征税收力度，在 2009 年对这些企业减半或按 30% ~40% 的比例缓缴，待 2010 年企业经营好转时，再将余下税额一次性或分批补还。对生产经营困难的工业企业需要缴纳的各种规费，有关部门应在职权范围内采取更加灵活的方式酌情减免或予以缓缴。继续加大对个体工商户及中小型企业的税收支持力度，将个体工商户营业税起征点提高到万元以上。

全面贯彻落实各级已出台的减轻企业负担政策，扎实做好涉企收费项目的清理，能取消的一律取消，暂时不能取消的，要创造条件逐步取消。严格控制对企业的各类检查评比达标表彰活动，各种法定收费项目尽可能按法定标准下限征收，无低限设置的根据赋予的审批权限降低征收标准。强化对企业负担的监督，建立公开举报制度，设立举报电话，对各类违法违规行为及时查处，公开曝光。

（六）进一步提高经济发展质量和水平，要把加快发展方式转变和结构调整作为保增长的主攻方向

加快转变经济发展方式，推动产业结构优化升级，这是关系我区经济全局紧迫而重大的战略任务。虽然我们面临着保增长的繁重任务，但加快发展方式转变、推进经济结构战略性调整的大方向不能动摇。必须坚持把保增长、扩内需、调结构有机结合起来。要以增强发展协调性和可持续性、提高自主创新能力为目标，通过扩大最终消费需求，带动中间需求，有效吸收和消化现有生产能力，形成发展新优势。

要发展现代产业体系，大力推进信息化与工业化融合，促进工业由大变强，振兴装备制造业，淘汰落后生产能力；提升高新技术产业，积极发展信息、生物、新材料等产业；发展现代服务业，提高服务业比重和水平；加强基础产业基础设施建设，加快发展现代能源产业和综合运输体系。

（杭栓柱、杨臣华、包思勤、安士玲、黄占兵、赵杰、付东梅）

对当前我区经济运行问题的初步分析

2008 年四季度以来，我区上下共同努力，积极化解金融危机带来的不利影响，在国家和自治区"保增长、扩内需、调结构、惠民生"等一揽子政策作用下，经济运行实现了回稳态势，增长速度仍居全国前列。但我区经济发展的外部市场环境依然严峻，经济进一步向好的基础尚不稳固，经济平稳较快增长还存在不少障碍。

一、我区 2009 年经济运行态势：一季度触底回升、二季度逐步回稳，预计三季度平稳上行，全年增速将超过预期目标

综合判断我区的经济运行态势，需要关注的基本面首先是在全国经济运行形势下显现出的我区特征，其次是适应我区产业结构的外部市场需求变动趋势，最后是我区的煤电运等先行产业发展情况。就短期经济运行分析而言，其中 GDP 是最综合最重要的判断依据，但由于 GDP 仅有季度核算数据，考虑到农牧业和服务业波动较小，因此衡量经济运行变化主要看的是工业生产及相关重要产品的变动情况，以及其他一些相关指标的波动。

（一）从 GDP 运行走势看，目前我区经济运行已进入回稳轨道，2009 年全年增长将超过预期目标

2008 年上半年我区 GDP 增长 18.3%，三季度增长 19.3%，四季度增速下滑到 13.3%；2009 年一季度回升到 15.8%，二季度进一步提高到 17%。在经历了 2008 年四季度的经济运行低谷后，我区经济增长实现了"V"形反转（见图 1），上半年增速虽比上年同期有所下降，但高出全国平均水平 9.9 个百分点，处于较快增长区间且好于预期水平。

2009 年上半年我国经济运行态势逐步企稳回升，出口出现好转，二季度生产总值同比增长 7.1%。据国家统计局公布的 1~4 月份宏观经济景气指数预警分析报告显示，先行指数自 2008 年 12 月以来已连续 5 个月回升，表明经济增长呈稳定上行趋势；一致指数已连续 2 个月出现回升，显示了企稳回升态势进一步增强。另外，全国企业景气调查结果显示，二季度全国企业景气指

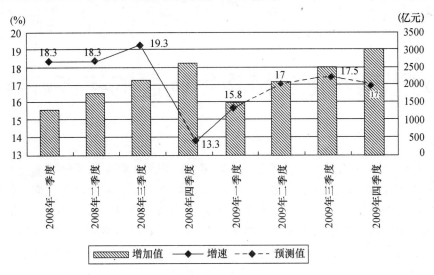

图1 我区生产总值增长速度

数为115.9，比一季度回升10.3个百分点，西部地区企业景气指数比一季度提高9.5个百分点。

由于我区经济增长与全国有着相当的一致性，尤其是2008年以来，生产总值季度增速与全国走势基本相同。2009年以来，我区金融机构各项贷款增势强劲，投资新开工项目开工率超过50%，工业生产、就业、收入分配、需求等一致指标情况总体好于全国。下半年随着全国企稳向好形势的不断巩固和发展，我区主要经济指标将呈现进一步回升态势。可以确认，目前我区经济已经回稳，下半年不会出现大的起落。由此判断，我区第三季度生产总值增长将达到17.5%。预计全年增长17.2%，实现生产总值9090亿元左右。

（二）从工业生产走势看，工业经济在经历了2008年下半年的大幅度下滑后，2009年2月份工业增加值增速探底回升

2009年1～6月份，我区工业增加值当月增速分别为12.4%、24.3%、19%、19.8%、20%和18.4%，总体呈探底后逐步回升势头，但3月和6月增速出现波动，上半年全区规模以上工业企业完成增加值1842.41亿元，同比增长18.6%，较一季度增速回落0.6个百分点。工业运行走势表明，当前工业回升的基础还不牢固，还存在下行的压力。预计全年规模以上工业增加值增长率在20%左右（见图2）。

（三）从主要工业产品看，总体生产情况平稳

2009年1～6月份，全区12种重点工业产品中，预计产量正增长的有8种，

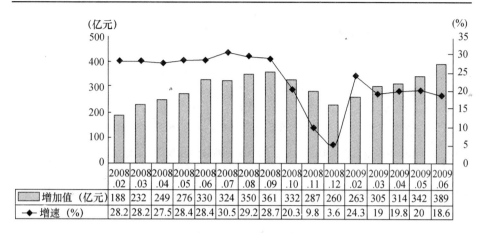

	2008 .02	2008 .03	2008 .04	2008 .05	2008 .06	2008 .07	2008 .08	2008 .09	2008 .10	2008 .11	2008 .12	2009 .02	2009 .03	2009 .04	2009 .05	2009 .06
增加值（亿元）	188	232	249	276	330	324	350	361	332	287	260	263	305	314	342	389
增速（%）	28.2	28.2	27.5	28.4	28.4	30.5	29.2	28.7	20.3	9.8	3.6	24.3	19	19.8	20	18.6

图 2 我区工业增加值增长速度

负增长的有 3 种，1 种持平。其中原煤、钢材、电解铝、载货汽车、水泥增速分别为 27.5%、28.6%、21.1%、14.5%、41.6%；发电量、乳制品增速则分别为 -4.7% 和 -4.2%。具体情况如下：

（1）原煤产销形势较好。原煤日产量 2009 年以来从底部波动上升，6 月份日产量达到了 194 万吨的历史最高水平，上半年全区原煤产量达到 2.86 亿吨，同比增长 27.48%，产量继续保持全国首位。6 月份，原煤售价由平稳转为小幅上扬，全区煤炭主产地动力煤坑口平均价格为 270 元/吨，焦炭市场价格环比呈上升趋势，目前区内二级冶金焦市场售价 1400 元/吨左右。原煤外送能力进一步提高，外送比例逐步扩大。1～5 月份，自治区送出煤炭 14562 万吨，占全区销售煤炭总量高达 65%，较 1～4 月累计提高 11 个百分点。随着下半年夏季和冬季用电用煤高峰期的到来，预计煤炭总需求将比上半年加快增长，将有力地支撑工业增长（见图 3）。

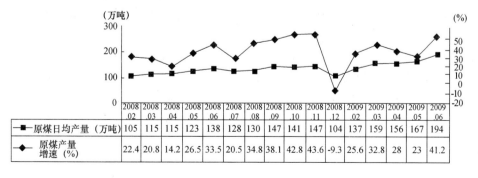

	2008 .02	2008 .03	2008 .04	2008 .05	2008 .06	2008 .07	2008 .08	2008 .09	2008 .10	2008 .11	2008 .12	2009 .02	2009 .03	2009 .04	2009 .05	2009 .06
原煤日均产量（万吨）	105	115	115	123	138	128	130	147	141	147	104	137	159	156	167	194
原煤产量增速（%）	22.4	20.8	14.2	26.5	33.5	20.5	34.8	38.1	42.8	43.6	-9.3	25.6	32.8	28	23	41.2

图 3 2008 年以来我区原煤日均产量及各月增速比较

（2）全区发电量降幅逐渐收窄，货运量稳步回升。1~5月份，全区累计发电量同比下降5.6%，1~6月份下降4.7%，降幅减少0.9个百分点。内蒙古电网用电负荷从2008年11月份的681万千瓦增至2009年6月份的963.3万千瓦；全社会用电量从2008年11月份的72.6亿千瓦小时增至2009年6月份的104亿千瓦小时。日发电量稳中有升，6月份达6.3亿千瓦小时，超过2008年最高水平。鉴于全国6月份发电量增长4.7%（中国电力企业联合会数据），同时负荷同比增幅和用电量同比增幅之间差距的缩小，由此预测我区电力工业下半年情况也将由"负"转"正"（见图4）。铁路货运情况也在逐步回暖，由最低水平的2月份3886.7万吨，增加到6月份的4104.8万吨。

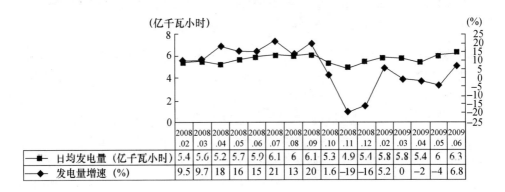

	2008.02	2008.03	2008.04	2008.05	2008.06	2008.07	2008.08	2008.09	2008.10	2008.11	2008.12	2009.02	2009.03	2009.04	2009.05	2009.06
■— 日均发电量（亿千瓦小时）	5.4	5.6	5.2	5.7	5.9	6.1	6	6.1	5.3	4.9	5.4	5.8	5.8	5.4	6	6.3
◆— 发电量增速（%）	9.5	9.7	18	16	15	21	13	20	1.6	−19	−16	5.2	0	−2	−4	6.8

图4 2008年以来我区日均发电量及各月增速比较

（3）钢材产量回升较快。与其他工业产品相比，2008年底钢材产量跌幅不深，2009年以来反弹力度较大，从图5可见月度增速和日产量近几个月来屡创新高。究其原因主要是市场需求的上升，国际钢材价格正触底回升，而国内4万亿元投资带来的内需拉动明显超过市场预期。5月份，建筑钢材、普通板材全区平均价格分别为每吨3612.36元、4408.58元，与4月份价格相比分别上涨2.08%、2.07%。预计下半年国内钢材价格整体走势将好于上半年，进而保证我区钢材生产的平稳较快增长。

（四）从需求情况看，有效需求向实体经济传递

（1）投资拉动特征明显。1~6月份全区完成固定资产投资2953.73亿元，同比增长41.1%，对经济增长的贡献率为165%；工业、农林牧渔、服务业重点行业投资全面提速，这是近年来所少见的。从全年看，增强投资者信心的有利因素较多，制约投资增长的因素也较多，完成全年固定资产投资目标和

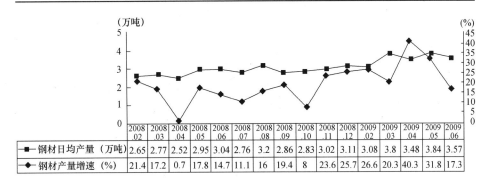

	2008.02	2008.03	2008.04	2008.05	2008.06	2008.07	2008.08	2008.09	2008.10	2008.11	2008.12	2009.02	2009.03	2009.04	2009.05	2009.06
■ 钢材日均产量（万吨）	2.65	2.77	2.52	2.95	3.04	2.76	3.2	2.86	2.83	3.02	3.11	3.08	3.8	3.48	3.84	3.57
◆ 钢材产量增速（%）	21.4	17.2	0.7	17.8	14.7	11.1	16	19.4	8	23.6	25.7	26.6	20.3	40.3	31.8	17.3

图 5　2008 年以来我区钢材日均产量及各月增速比较

持续增长依然面临较大压力。

（2）将短期刺激消费政策与调动中长期积极因素相结合，传统消费业平稳快速增长，住房、汽车消费热点重新升温。2009 年上半年社会消费品零售总额对经济增长的贡献率达到了 41.9%。其中，占社会消费品零售总额比重 80% 的零售及住宿餐饮业，分别增长了 18.8% 和 21.5%；占消费比重 14% 的石油及制品类消费增长了 15.7%；商品房销售额增长 45.6%，商品房销售面积增长 40.7%。预计 2009 年社会消费品零售总额增长 20% 左右。

二、尽管目前经济运行中的利好因素在不断增多，经济平稳上升的迹象更加明显，但一味追求数量增长、忽视质量效益和结构调整的现象也进一步显现，我区经济持续平稳增长还存在不少障碍

（一）经济平稳较快增长的基础尚不稳固

从国内的情况看，当前的经济回升基础主要是库存调整短周期的反弹，并不等同于趋势性经济复苏。经济复苏的物质基础是企业开始新一轮大规模固定设备更新投资，其前提条件是产能利用率恢复到正常水平。下一阶段，我国经济在进一步消化库存的同时，将面临消化过剩产能的严峻挑战。世界经济低迷和全球性产能过剩将使我国"去产能化"过程任重道远。

从我区的情况看，尽管目前经济取得了较快发展，但未来增长的基础尚不稳固，尚存在着企业经济效益下滑严重、不同地区间和产业间发展不均衡以及居民收入和就业压力等一系列问题，长期以来存在的体制性、结构性问题也将随着市场的波动对经济增长产生不利影响。下一阶段必须更加重视将保增长与调结构相结合，实现"调结构、促转型、增后劲"，以理顺要素价格

体系为主要手段推进结构调整，坚决淘汰落后产能，为先进生产力腾出投资空间。2009 年下半年要适当弱化追求增长方面的政策刺激力度，将工作重点放在落实和完善已出台的政策上，培育带动新一轮经济复苏的新增长点。要按照国家钢铁、纺织、物流等工业行业振兴规划的要求，积极发展产业集群，充分发挥强势产业和大企业的辐射带动效应，避免陷入"资源诅咒"。

（二）企业利润下滑严重，税收增长不平衡

2009 年以来，我区工业产品销售率呈下降趋势，企业利润下滑较为严重。2009 年 5 月份工业产品销售率为 94%，同比下降 4.1 个百分点，是 2008 年以来单月的最低水平。全区规模以上工业企业利润下降 13.2%；亏损企业亏损额增长 1.6 倍。盈利主要集中在煤炭生产、食品加工和燃气热力供应，这三个行业利润占规模以上工业企业总额的 78%，而电力、钢铁、有色金属和化工等行业亏损占全区亏损额的 80%，需求相对不足。2008 年以来我区 CPI（居民消费价格指数）和 PPI（工业品出厂价格指数）同比持续下降，导致了工业企业存货跌价损失巨大。企业利润的下降导致了税收收入的增长不平衡。1～5 月份财政一般预算收入中，税收收入比重由上年的 77% 下降到 66%，下降了 11 个百分点。此外，财政收入增长表现出明显的不平衡，不同程度反映了企业效益和不同盟市间的差异化。1～6 月份，鄂尔多斯对全区财政收入增长的贡献率高达 43.6%，乌兰察布市、巴彦淖尔市两个盟市负增长，这两个盟市占全区财政收入的比重仅为 4.4%。

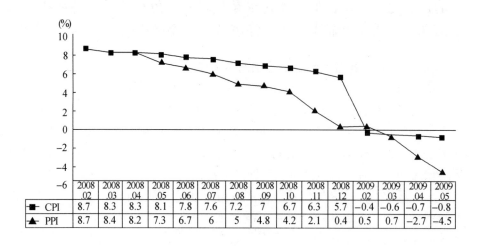

图 6 2008 年以来我区 CPI 和 PPI 月度增长速度

2009年下半年要围绕企业提升产业结构，转变经济增长方式，积极推进资源性产品价格形成机制改革，尽快提高重要资源型产品资源税税率和矿产资源补偿费标准，在全面实现资源有偿使用的基础上，积极推进资源性产品价格改革。要加大对企业的财政税费支持力度，建立工业经济运行调节专项资金，对关系民生、产品有市场、信用良好、流动资金困难的企业给予贷款贴息支持。要积极探索构建新型的富有地方特色的金融服务体系，促进地方中小企业发展，提升工业企业发展的质量和效益，提高社会就业水平。

（三）就业压力依然较大

2008年底到2009年初，我区停产企业达到了高峰，相应企业就业空间缩小。2009年上半年随着经济在波动中回稳，停产企业和失业人员呈下降趋势，但到6月底，停产工矿企业个数仍然有358家，下岗失业和隐性失业人数仍然超过12万人（见图7）。2009年还有7.87万名应届高校毕业生和1.3万名往届毕业生需要安置。另外还有农村牧区大量待转移的剩余劳动力，使就业形势仍显严峻。

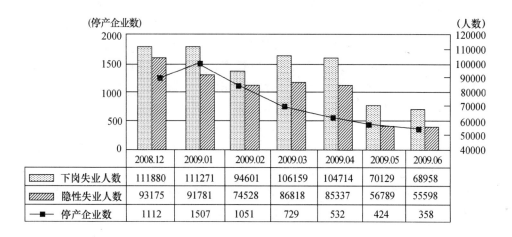

	2008.12	2009.01	2009.02	2009.03	2009.04	2009.05	2009.06
下岗失业人数	111880	111271	94601	106159	104714	70129	68958
隐性失业人数	93175	91781	74528	86818	85337	56789	55598
停产企业数	1112	1507	1051	729	532	424	358

图7 我区2008年以来停产企业数与下岗失业和隐性失业人数

2009年下半年，一是要围绕促进大学生就业，实施"内蒙古高校毕业生就业见（实）习示范基地建设计划"。从2009年起，力争用3年时间在全区建立150家"自治区级高校毕业生就业见（实）习示范基地"。研究制定毕业生就业与高校招生计划、教学水平评估和学科专业设置"三挂钩"制度。二是要针对返乡农民工就业，实施重点工程就业服务计划，鼓励重点工程吸纳农民工就业。同时实施"凤还巢工程"，支持返乡农民工创业。三是要以稳定企业就业岗位为重点，实施稳定岗位特别计划，在不折不扣地落实好中央"五缓、四降、三补、两协商"的组合政策的基础上，加大对经营困难企业的补贴、减免税费力度，切实帮助企业减轻压力、抑制裁员，稳定企业就业。同时，实施一揽子减免、缓缴税费计划。在取消和清理108项行政事业性收费项目的基础上，加大对困难企业减免、缓缴其他税费的力度。

（四）投资持续增长面临较大压力

总体看来，2009年上半年全区固定资产投资增速振荡走高，较全国平均水平波动剧烈，实现平稳增长面临着较大的压力。一是盟市配套资金到位率较低，使得有些项目不能按计划及时开工，有的已开工项目出现了停建和缓建的现象。二是受企业效益下滑和市场准入门槛高等制度性障碍因素影响，企业自主投资意愿和能力不足，部分项目出现停建或缓建的倾向，部分招商引资项目虽已签约，但业主不履行合同，项目迟迟不能开工建设，从而导致政府投资对占我区固定资产投资80%左右的社会投资带动效应不强，削弱了政策"杠杆"的带动力。三是我区钢铁、煤炭、电力等行业产能过剩，加上库存调整出现反复，这些行业稳步回升尚待观察，这将对工业投资产生一定影响。四是我区人民币各项贷款增势强劲，2009年6月末贷款新增额突破1000亿元，贷款增速、投放量均创历史新高，我区新增贷款占全年新增贷款目标的比重已超过80%，2009年下半年可用的贷款数量将会减少。

因此，从2009年下半年开始，务必着力于调动社会投资，保持投资稳定增长；务必着力于促进工业投资，着重抓好自治区150个重大项目的集中调度和建设；务必着力于启动房地产投资，振兴房地产市场，引导和鼓励房地产企业加大投资；务必着力于解决中小企业融资难问题，提高为中小企业金融服务水平，进一步完善中小企业融资担保制度，通过制度创新，使部分符合条件的民间融资合法化，加快培育以民营资本为主的中小型金融机构。

（五）居民收入水平亟待提高

不断提高城乡居民的收入水平是发展经济的根本目的。2009年上半年我区城镇居民人均可支配收入为7988元，增长13.1%，这一水平比全国上年同期水平8064元还差76元。如果要在一年之内达到全国平均水平，我区城镇居民收入增长至少应比全国快一倍。2009年上半年农牧民人均现金收入为3362.3元，预计将超过全国平均水平。但分盟市看，除呼、包、鄂三市外，其余盟市城镇居民人均可支配收入均大大低于全国平均水平；而农牧民人均现金收入，除呼、包、鄂三市和通辽市以外，其余盟市均与全国平均水平存在一定差距。因此，下半年必须继续加大民生工程建设，适时调整收入分配结构，确保城乡居民收入稳定增长。要积极利用财税政策、收入政策和信贷政策，发展新型消费模式，培育农村牧区消费市场，促进我区消费持续增长。

（六）中小企业发展面临一系列困难

中小企业发展面临重重困难，其中最主要的是融资难问题。2009 年以来，各级政府和金融部门尽管出台了一系列旨在解决中小企业融资难的政策措施，但是中小企业融资难、贷款难、担保难问题仍十分突出。信贷资源主要集中于大中型企业，小企业贷款占比偏低。5 月末，全区新增贷款投向集中，主要集中在大中型企业，其中大型企业贷款占全部企业新增贷款的 37.4%、中型企业占 48.1%、小型企业贷款仅占 14.5%。

2009 年下半年要通过税收、财政贴息、政府采购等政策扶持中小企业。一是财政部门应加大对中小企业的扶持力度，选择部分小企业创业基地，开展授信贷款试点，推动扩大小额贷款公司和村镇、嘎查银行试点等。二是银行应设立专门面向中小企业的金融机构，度身定做能满足中小企业融资需求的信贷品种。三是政府部门应组织由政府、银行和担保机构三方联合的不定期协商会议，通过共同组建为中小企业贷款提供担保的市场化担保机构，建立由政府主导的风险投资基金和政策支持体系，设立政府担保基金、民间互助担保基金和大力发展盈利性担保公司等多形式地为中小企业提供银行贷款担保，以帮助中小企业融资，加大贷款担保力度，促进中小企业转型升级。

（杨臣华、包思勤、安士玲、黄占兵、付东梅）

2009 年内蒙古经济形势及 2010 年影响经济运行的因素与政策取向

一、2009 年我区经济仍将保持较快增长

从经济走势看，我区 GDP 增速自 2009 年第一季度 15.8% 的最低点逐步回升，并呈逐季加快态势，预计 2009 年全年增长 17% 左右，有望连续第八年保持全国首位。

2009 年前三季度全区累计实现生产总值 5895.51 亿元，比上年同期增长 16.9%，快于全国 9.2 个百分点，增速继续居全国首位。其中，第一产业增加值 315.76 亿元，增长 4.4%，快于全国 0.4 个百分点；第二产业增加值 3505.64 亿元，增长 19.6%，快于全国 12.1 个百分点；第三产业增加值 2074.11 亿元，增长 14.7%，快于全国 5.9 个百分点。第四季度随着区内外市场需求的进一步恢复、企业信心增强、消费转好，以及在 2009 年新开工项目计划总投资大幅增长的惯性作用带动下，影响我区经济保持较快增长的积极因素增多，全年经济将保持平稳较快增长态势，预计 2009 年全年实现生产总值 9700 亿元以上，增长 17% 左右。

从工业生产走势看，在经历了从 2008 年 9 月份的最高点持续下滑到 2009 年 2 月份见底后，我区工业增加值增速稳步回升。

2009 年前三季度，工业生产总体上呈企稳回升态势。规模以上工业完成工业增加值 3084.62 亿元，同比增长 19.4%，比上年同期回落 9.6 个百分点，较 2009 年上半年、前 7 个月、前 8 个月增速分别加快 0.8 个、1 个和 0.4 个百分点，居全国各省区市的前列。分行业看，绝大多数行业实现增长。前三季度，在全区统计的 36 个行业中，有 34 个行业保持同比增长，其中电气机械及器材制造业增加值同比增长 2.41 倍。表明我区工业经济在波动恢复中稳步增长，预计 2009 年全年规模以上工业完成工业增加值增长 22% 左右，比上年同期回落 2 个百分点。

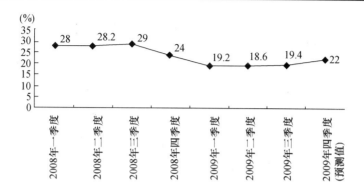

图 1　全区工业增加值季度累计增速变动趋势

从固定资产投资看，呈现高开低走、渐趋平稳态势，但总体投资依旧保持强劲势头。

2009 年一季度，全区完成固定资产投资 310.8 亿元，同比增长 47.8%，高出全国 19 个百分点；前三季度全区固定资产投资累计完成 5980.3 亿元，增长 35.4%，快于全国同期 2 个百分点。其中，第一产业完成投资 301.57 亿元，同比增长 51%；第二产业完成投资 3125.58 亿元，同比增长 30.7%；第三产业完成投资 2553.14 亿元，同比增长 39.7%。在城乡 50 万元以上项目固定资产投资中，工业投资和基础设施建设投资分别达到 3000 亿元和 1900 亿元左右。预计 2009 年全年固定资产投资总规模在 7400 亿元左右，增长 35%左右，比上年同期提高近 8 个百分点。

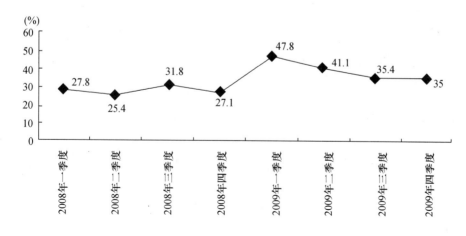

图 2　全区固定资产投资季度累计增速变动趋势

从社会消费品零售总额看，我区消费需求已呈止跌回稳、逐步上升态势，城乡市场销售较旺。

2009 年前三季度，我区社会消费品零售总额突破 2000 亿元，达 2015.1 亿元，同比增长 18.8%，高于全国 3.7 个百分点。其中，城市消费品零售额 1386.9 亿元，同比增长 19.2%；县及县级以下社会消费品零售额 628.2 亿元，同比增长 21.7%。分行业看，零售业实现零售额 1183.8 亿元，同比增长 19.1%；住宿和餐饮业完成社会消费品零售额 405.5 亿元，同比增长 21.1%；汽车类增速最为突出，实现零售额 141 亿元，同比增长 34%。从月度运行情况看，全区社会消费品零售总额增长率呈现逐月稳步提高的态势，其中 3 月份累计增长 16.7%，6 月份增长 18.2%，9 月份增长 19.5%。预计 2009 年全年社会消费品零售总额增长 20% 左右，总量达到 2850 亿元左右。

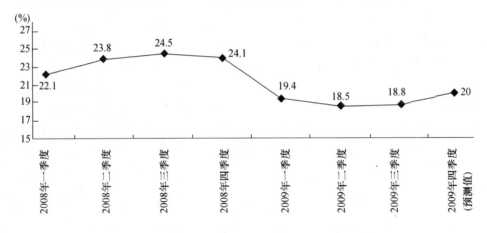

图 3　全区社会消费品零售总额季度累计增速变动趋势

从财政和城乡居民三项收入看，收入水平稳步提高，但收入增长的结构和可持续性存在很大压力。

2009 年以来，我区经济企稳回升带动了财政收入平稳增长，前三季度全区地方财政总收入完成 1040 亿元，同比增长 26.7%，高于全国 21.4 个百分点。其中，一般预算收入 660 亿元，增长 37.9%，总量居全国第 12 位、西部第二位，增幅连续 9 个月居全国第一位。但财政收入结构还不尽合理，非税收收入总量占一般预算收入的比重达 35.6%，比去年同期上升了 9.4 个百分点，增量占一般预算收入增量的 60.3%，存在着用非税收入弥补税收歉收的现象，收入质量有所下降。预计 2009 年全年地方财政总收入 1380 亿元左右，增长 25% 左右，比上年同期回落 7.5 个百分点左右。

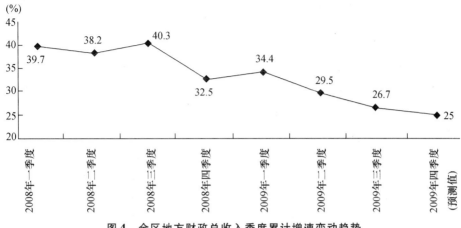

图 4　全区地方财政总收入季度累计增速变动趋势

2009 年前三季度，全区城镇居民人均可支配收入 11910 元，增长 11.4%，其中工资性收入 8484 元，转移性收入 2639 元，表明工资性收入稳定增长，但经营性收入、财产性收入和转移性收入增长都较上年有不同程度回落，预计全年城镇居民人均可支配收入 16100 元，增长 11% 左右。全区农牧民人均现金收入 5114 元，增长 11.5%，其中家庭经营收入 3753 元，工资性收入 764 元。农牧民家庭经营收入主要来自农牧业，按 2009 年第一产业增加值增长 4% 估算，全年人均家庭经营收入增长 8% 左右，2009 年各项支农惠农政策落实情况较好，转移性收入继续较快增长，劳务收入增长比上年略有提高，预计 2009 年全年农牧民人均纯收入 5120 元，增长 10% 左右。

从金融运行情况看，信贷增速较快攀升，各项金融指标明显放大。

2009 年前三季度，全区金融机构人民币各项存款余额 7967 亿元，增长 31.5%，超过全国增速 13.1 个百分点。全区金融机构贷款余额 6254 亿元，新增贷款 1746 亿元，已超额完成 2009 年初自治区党委、政府提出的全年新增 1500 亿元的目标，超过 2008 年全年增量 868 亿元。同时贷款新增额超过存款新增额 96 亿元，贷款增速 42%，增幅比 2008 年高近 27 个百分点，超过存款增速 10 个百分点。在全部贷款增加额中，短期贷款增加 592 亿元，占到全部贷款新增额的 34%；中长期贷款增加 1126 亿元，占到全部贷款新增额的 64%。中长期贷款的大幅增加有效满足了全区重点工程、重点项目的资金需要，为我区实现全年经济较快增长提供了重要支撑。

二、2010 年影响经济运行的主要因素分析

2010 年是"十一五"的最后一年，也是实现我区经济总量迈上万亿元历

史性新台阶的关键年。从国际环境看，随着世界各主要国家和经济组织积极救市措施的实施，美欧日等经济体出现改善迹象，新兴经济体明显复苏。国际货币基金组织日前发布的《世界经济展望报告》显示，世界经济开始进入复苏轨道，正从负增长转为正增长，这将为我区 2010 年经济增长创造良好的国际环境。从国内环境看，2009 年全国经济逐步回升并持续向好，2010 年国家将在有效防控通胀预期下，继续保持积极的财政政策和适度宽松的货币政策的延续性，说明国内宏观经济环境也有利于我区经济发展。但是，当前世界实体经济复苏乏力，新的经济模式没有形成，我国经济的复苏基础还不太牢固，国内外不稳定、不确定因素仍较多，我们必须看到，2010 年我区经济运行还将面临诸多挑战和困难，只有采取切实有效的措施加以解决，才能保障经济平稳较快发展。

（一）从保增长方面看，尽管增长的趋势较为稳固，但仍有企业投资意愿和信心不足、企业效益提高缓慢等压力

（1）企业受盈利预期不明显、生产订单不足、产能过剩、企业效益下降等因素的影响，企业投资的意愿和信心发生动摇。其中，生产能力过剩将直接导致部分企业开工不足，竞争加剧，产品价格下跌，最终影响企业投资意愿。投资是拉动我区经济增长的主要动力，也是决定 2010 年能否实现生产总值过万亿元目标的关键性因素。从我区固定资产投资来源中，以企业为主的社会和民间投资比重高达 80% 以上。从 2009 年看，我区固定资产投资实现较快增长主要得益于政府主导的投资项目，在以政府项目牵头拉动第一波投资高潮之后，能否及时有效调动大量社会投资，提高企业投资信心，已经成为能否促进 2010 年我区经济继续向好、增强内生动力的关键。

（2）工业企业效益下滑风险依然存在。确保工业经济平稳较快增长，是促进我区整体经济回稳向好面临的主要任务。2010 年我区工业经济将面临钢铁、水泥、平板玻璃、煤化工等行业产能过剩，主要工业品价格仍有可能在低位徘徊。再考虑到企业消化 2009 年为保增长而增加的库存，加剧了企业资金紧张状况，使得企业现有资金主要用于维持生产，而用于扩大生产规模的资金比重进一步下降，从而导致企业发展后劲不足，制约工业企业的进一步发展。

（二）从惠民生方面看，提高城乡居民收入、就业水平以及社会保障能力的难度加大

（1）在城乡居民收入增长短期内难以突破单一结构的情况下，居民收入增速仍将滞后于全区 GDP、财政收入增速。我区正处于工业化发展中期阶段，资源型的产业结构导致资本的投入对我区经济总量的贡献越来越大，且在短

期内不会改变，在这种以投资为主的单轮驱动的增长模式下，各级政府更倾向于鼓励资本要素拥有者多投资，而要使资本要素拥有者多投资，必须给其以更高的报酬，而在政府提供的公共资源有限的情况下，给资本以高报酬，势必会挤压劳动要素本来应该拥有的报酬。从城镇居民收入结构看，70%以上的收入来自于工资性收入，工资性收入以外的经营性收入、财产性收入及转移性收入在城镇家庭总收入中所占比例一直没有大的提高，而城镇居民工资增长却长期在低位徘徊。从农牧民收入看，70%以上的收入仍然依赖农牧业，即土地和草场收入，增收渠道也主要依靠农牧业增收来保证，而目前我区的粮食单产已达 500 斤，受自然资源和科技水平制约，增长空间已非常有限，全区牲畜头数已突破 1 亿头（只），超出了科学载畜量标准，因此单纯地继续依靠传统农牧业的发展带动农牧民增收空间非常小。

表 1　内蒙古城乡居民人均收入增长率与部分经济指标对比　　　单位:%

	GDP	财政收入	城镇居民收入	农民收入	牧民收入
1996~2000 年	11.06	13.91	9.59	7.25	9.23
2001~2005 年	17.12	24.58	10.39	5.70	2.85
2006~2008 年	19.55	20.97	12.26	12.16	8.33
2009 年 1~9 月	16.8	26.7	11.4	11.5	

（2）受就业结构性矛盾制约和影响，全区就业压力仍然巨大。随着我区经济的快速发展，就业结构性矛盾日益突出，突出表现为工业对劳动力的吸纳能力越来越弱，这也是我区工业重型化发展的必然阶段，但同时也制约了工业对劳动力的吸纳能力，其影响主要体现在两个方面。一方面，工业资本有机构成不断提高，资本替代劳动使单位投资的就业弹性变小，从而产生资本提高对就业的挤出效应，使工业对整个劳动力需求量降低。另一方面，重化工业生产的技术密集化对劳动力的吸纳能力减弱，由于技术进步提高了劳动生产率和资本有机构成，同量产品和资本对劳动力的需求逐步下降，从而产生技术进步对就业的挤出效应。值得注意的是工业生产的技术密集化对以简单体力劳动为主的劳动力，特别是对农村牧区务工人员的需求量下降更大，这也是近年来农村牧区劳动力转移难度加大的因素之一。

（3）我区社会保险覆盖范围不宽、社会保险待遇水平不高、农村牧区社会保障体系滞后，依然是影响我区社会保障事业发展的主要问题。截至 2009

年9月底，我区基本养老保险参保人数400.8万人，提前完成全年参保目标任务；参加城镇基本医疗保险人数673.7万人，完成全年任务的84%；工伤保险人数193.1万人，失业保险参保人数225.9万人，均已完成全年任务的99%。各项数据表明，2009年我区社保工作完成任务好于预期，但这些数据与全区2400万人口相比、与1100万城镇人口相比还是有较大的缺口，各类群体中城镇无业居民、困难企业职工、进城务工农牧民以及农村牧区人口尚未完全纳入制度覆盖范围，尤其城镇老年无业居民和农牧民工养老保障以及困难企业职工和退休人员的医疗保障问题比较突出。农村牧区社会保障体系严重滞后，大部分地区尚未开展新型农保试点工作。社保关系跨地区转移困难，在一定程度上影响了单位和农牧民参保的积极性。

（三）从转变经济发展方式看，资源性产品价格改革滞后、产业升级面临困难和服务业、中小企业发展不充分将影响我区经济健康发展

（1）资源性产品价格改革步伐缓慢。首先是矿产资源开采业整体对地方贡献作用比较小。主要表现在地方在矿产资源转化增值中受益较小、与区外煤炭省市相比较税费比较低和存在部分利益外流现象。其次是利益分配在各相关体之间存在很大矛盾。主要表现在当地政府和中央企业、企业与居民以及资源开采地政府之间。最后是政策制定和执行方面存在不完善。主要表现在对非法开采资源的监督存在漏洞、对矿业权配置中条件执行方面的监督不完善和在资源配置过程中存在中央和政府之间政策不统一三个方面。因此，亟须在把脉国家逐步推进资源品价格机制改革和当前资源品价格走势趋缓的背景及机遇下，改革现行的资源利益和分配制度，建立新型的资源利益体系，进一步促进矿产资源开发产业有序发展，提高矿产资源对地方和国家的贡献率。

（2）加快产业结构优化升级是关系我区经济全局紧迫而重大的战略任务。目前我区正处在经济结构转型、发展方式转变的关键时期，需要关注来自两个方面的问题。一方面，我区传统产业基础仍不牢固。能源、农畜产品加工、冶金和煤化工等资源性产业比重偏高，对市场的依赖性较强，满足最终市场需求和适应市场变化的能力低，受经济周期的波动和价格因素的影响比较大。加上近些年的快速发展导致这些行业产能过剩，以及主要产业产品大多数属于基础型的上游产品，产业链条短，资源精深加工能力不强，产品附加值低，市场竞争力弱。另一方面，风电设备、多晶硅、煤化工等产业出现全国范围内的产能过剩和重复建设。在这种趋势下，作为我区新兴产业的风电设备、多晶硅、煤化工等相关生产企业压力会越来越大，加之很多项目都是近一两年密集上马，随着产能逐步释放，在低价持续甚至继续下跌的情况下，与国内外厂商相比竞争力相对弱的我区企业，市场恶性竞争将难以避免，经济效益难以提高，并将面临企业倒闭或开工不足、人员下岗失业、银行不良资产大量增加等一系列问题。

（3）我区服务业和中小企业总体发展依然缓慢。我区服务业占生产总值的比重自 2003 年以来持续下降，已由 2003 年的 41.9% 下降到 2009 年前三季度的 35.2%，增长速度自 2004 年达到 22% 的高点以来，一直处于下滑趋势，2009 年前三季度有所回升，增长 14.7%。从 2003 到 2008 年，服务业平均增长速度低于地区生产总值 2.7 个百分点，服务业对经济增长的贡献度由 2003 年的 7.57 个百分点下降到 2008 年的 4.21 个百分点（见图 5）。

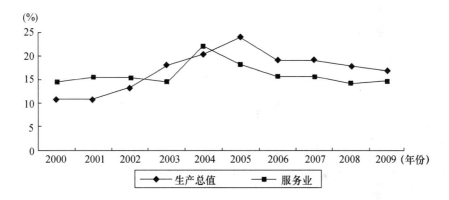

图 5　2000～2009 年前三季度生产总值与服务业增加值增速变化情况
资料来源：2008 年《内蒙古统计年鉴》和 2009 年《内蒙古统计月报》。

同样，加快发展中小企业可以吸纳就业、提高居民收入、释放民间投资，而且还可以促进我区经济稳步回升。近几年来，自治区出台了促进中小企业发展的一系列扶持政策措施，中小企业发展加快，前三季度规模以上小型企业增加值增长 27.9%，比全部工业增加值快 8.5 个百分点。但中小企业贷款难、担保难问题仍十分突出。新增贷款主要投向铁路、公用设施、基础设施等政府项目（多为中长期贷款），投向中小企业贷款（多为短期贷款）占比偏低，截至 2009 年 9 月末，全区中小企业贷款余额 1831.4 亿元，只占全部贷款余额的 29%。同时也不排除商业银行为规避风险，银行贷款有"垒大户"现象，大量信贷资源为大企业和大项目占有，融资难依然是制约我区中小企业发展的最主要问题。

三、2010 年主要政策取向

由于国内外经济环境明显趋好，加之我区近年来经济高速增长所打下的坚实基础和经济较快增长的强劲势头，2010 年我区经济仍将保持平稳较快增长态势，预计 GDP 增速可达 15% 以上。

（一）将保持经济平稳较快增长、大力改善民生状况作为我区经济工作的首要目标

将"保增长"与"惠民生"并列为经济工作的首要目标，一方面，因为目前我区经济运行的基础不稳固与民生状况所面临的诸多矛盾同样突出。应对未来不确定的国内外经济环境，不仅需要以保持经济总量平稳较快增长为基础，更重要的是要通过协调好经济增长和居民收入提高的关系，进一步转变发展方式、促进经济结构优化升级、构建经济增长新活力，最终是要把发展和改革的成果以及振兴经济的措施惠及广大人民群众，而不是仅仅让一部人先收获或先富起来，并创造一个有利于社会各个群体之间良性互动的和谐社会。另一方面，还有利于进一步统一全区各族干部群众应对复杂形势的思想和行动，更关键的是把保增长、惠民生有机结合起来，把握好经济社会发展政策的着力点和突破口，将各级政府和企业的发展更好地引导到贯彻落实科学发展观上来，防止为"保增长"而只见总量增长却忽视收入水平和生活质量的提高。

（二）将促进产业结构优化升级和承接产业转移作为转变经济发展方式的重要抓手

加快产业结构调整，促进产业升级。一是继续做大做强资源型产业。强化技术创新，进一步提高能源、冶金、化工等资源型产业的产业素质，着力提高资源综合利用水平，提高产品附加值和市场竞争力。二是加快发展非资源型产业。突出发展装备制造业，重点抓好汽车、风电设备、煤矿机械、化工机械、冶金和有色金属小五金装备制造及其配套等先进制造业。三是大力发展新兴产业。进一步完善风电发展规划，着重解决风电送出问题。加强稀土资源整合和初级原料调控，大力发展稀土深加工产品和应用产品。加快多晶硅下游产品开发，积极打造完整的硅材料产业链。发挥资源优势，积极发展生物医药产业。四是加快发展服务业，着力消除制约服务业发展的体制障碍，实现与工业用电、用水、用气、用热基本同价。加快发展现代物流业，研究出台贯彻国家物流业振兴规划的实施意见。加快商贸流通业改造提升步伐，积极引进和发展一批国内外知名流通企业。大力发展金融业，积极引进海外大型银行在我区设立分支机构。

积极承接发达地区产业转移，提升产业素质。依托我区铝加工、有色金属工业园区，加快承接铝深加工产品、铜、铅、锌冶炼及深加工产品项目。围绕建设装备制造基地，重点承接煤炭生产设备、发电设备与风力发电机制造、汽车及配件、化工机械及农牧机械装备配套等项目。依托稀土资源，建设集稀土研发、生产、应用和推广于一体的世界稀土新材料基地，重点引进稀土研究、开发科研机构（公司）和专利技术、工艺，承接高性能技术成熟的稀土永磁、稀土发光、稀土储氢、稀土催化材料项目等。围绕建设服务于电力和太阳能光伏等新能源的"大电子"制造基地，重点承接一批发电、输变电配套设备和电器开关设施、仪器、仪表等项目以及多晶硅、太阳能薄膜电池等硅产业项目等。

（三）将提高城乡居民收入和就业水平、完善社会保障体系作为惠民生的长期任务来抓

广开渠道提高农牧民收入水平。一是加大财政扶持资金的投入，大力发展现代农牧业，提高农牧业比较效益，拉长农业产业链条，使农牧产品向农牧产品深加工业转移，带动工资性收入的提高。二是强力推进农村牧区工业经济和服务业的发展，在全区全面实施"企村对口帮带"工程，组织企业与嘎查、村开展结对帮带活动，加快农村牧区工业化进程，同时大力发展与其相配套的教育、信息、商贸、物流等新型第三产业，提高农牧民非农牧业收入。三是扩大惠农惠牧、惠土地惠草场、惠粮惠畜的补贴范围，构建促进农牧民增收的政策保障机制。自治区财政支农支牧投入的增量要占到 2009 年度新增财力的 30% 以上，固定资产投资用于农村牧区的增量要确保高于上年，并实行政府土地出让金 50% 用于农村牧区。设立现代特色农牧业专项基金，提高对特色产牧业的补贴标准，加大对设施农业的补贴，免除对牧区建设项目配套资金。四是加大自治区财政向牧区倾斜的力度，出台肉类、奶业、绒毛等主要畜产品储备制度和最低保护价制度，增加对肉牛、肉羊这两种草原主要畜牧品种的保险补贴，出台长期的退牧还草政策，扩大退牧还草工程建设的内容和实施范围，建立以直补为基础的牧民收入补偿制度。

建立城镇居民增收长效机制。一是改进和完善各类企业职工工资稳定增长和支付保障机制。建立企业工资总额与经济效益挂钩制度，在规模以上非公有制企业推行工资集体协商制度，完善企业工资指导线和劳动力市场工资指导价位制度，建立劳动定额标准管理体制，严格执行最低工资保障制度，加大劳动保障执法监察力度。二是加快建立机关事业单位职工收入增长与财政收入增长的挂钩机制，随着地方财政收入增长，实施行政事业单位工作人员的"收入倍增计划"。三是鼓励和引导城镇居民把发展服务业作为创业增收的主渠道，积极投资发展文化、社区服务、休闲娱乐等新型消费性服务业，发展电子商务、中介服务等现代服务业，努力提高城镇居民经营性收入。

拓宽就业渠道，提高就业水平。以劳动密集型产业、服务业、非公有制经济作为发展重点，努力拓宽城镇就业渠道。调整财政优惠政策的结构与方向，促进全区就业岗位的增加。一是对就业量较大的劳动密集型行业和地区，实行价格补贴和财政补贴政策，减轻这些行业和地区的就业压力。二是减免企业的各种社会保险费用，降低企业成本。三是对自主创业者提供财政优惠政策，除安排创业扶持费用及长期低息贷款用于创业资金外，在税收方面实行更为优惠的政策，如土地税、所得税、法人税等自创业或所得开始之日起规定年限内可按一定比例减免，使"创业就业"成为我区解决再就业的一条有效途径。加大高校毕业生面向基层就业力度。要把面向基层就业作为高校毕业生就业的重要渠道，加大扶持力度。大力发展技能型劳务输出产业，加快农村牧区劳动力的稳定转移。

扩大城镇社会保障覆盖面，把社会保障制度的覆盖范围扩展到所有具有城镇户口的居民，重点解决低收入对象、弱势群体和农民工的社会保险。进一步扩大城镇居民基本医疗保险覆盖范围，继续推进大学生参保工作，2010年力争达到全覆盖。认真落实政府补贴政策，2010年基本解决关闭破产企业和困难企业退休人员的医疗保障问题。积极推进医疗保险盟市级统筹和农牧民工参加医疗、工伤保险工作，逐步使医疗保险延伸到街道、乡镇、社区，将城镇职工、灵活就业人员、无业人员、农民工等各类人员纳入到医疗保障体系，做到应保尽保。健全农村牧区社会保障机制，提高农牧民的参保面，2010年力争做到使低收入农牧民有低保、被征地（草场）农牧民有社保、老年农牧民有养保、纯农业居民有农保、就业农牧民有城保。

（四）将推进民间融资改革和资源性产品价格改革作为下阶段改革的重点突破口

加快民间融资改革。一是研究制定促进民间投资健康发展的意见，清理各种限制民间投资的政策法规，推进公共事业领域及相关体制改革，打破行政垄断和行业垄断，充分发挥市场作用，鼓励民间资本进入非禁止性领域和扩大投资经营范围。二是加快培育中小金融机构。对符合基本条件申报小额贷款公司的，给予快速审批，扩大小额贷款的数量。大力发展投资公司或私募基金。三是改组改造非金融机构，加快民营银行建设步伐。

加快资源性产品价格改革。一是抓住国家 2009 年加快推进资源性产品价格改革和当前物价相对平稳的有利时机，加快推进水、电、天然气等资源能源产品价格改革。从改革资源的廉价或无偿使用制度入手，按照市场导向、污染者付费和统筹兼顾、积极稳妥的原则，打破资源行政配置的格局，加快市场配置资源的步伐，使资源性产品价格真正反映资源的稀缺程度，进一步提升我区资源型产业发展空间。二是落实好电力双边交易和大用户直购电改革的各项政策措施，进一步理顺电价关系。通过增设煤炭资源、安全、环境等成本，推进形成合理的煤炭价格。争取国家批准我区开征煤炭可持续发展基金。三是通过招标、拍卖、挂牌等方式，积极推进取得矿业权的改革。从企业销售收入中提取一定比例资金用于矿山环境恢复和生态环境补偿，建立环境治理和生态恢复机制。四是扩大水资源费征收范围，并适当提高征收标准。改革农业供水体制和价格机制，推行终端水价制度。在审核供水企业运营成本、强化成本约束基础上，实行用水超计划、超定额累进加价办法，合理调整城市供水价格。

（五）将切实解决中小企业融资难问题作为促进中小企业平稳健康发展的重要平台

全面落实《关于进一步促进中小企业发展的意见》，加大通过税收、财政贴息、政府采购等政策扶持中小企业的力度，进一步优化发展环境。突出解决中小企业融资难问题。一是大力发展面向中小企业提供服务的中小银行。加快推进金融创新，鼓励外资银行、股份制银行来我区创办分支机构，加快建立地区性中小企业银行、小额贷款公司、村镇银行、农村资金互助社、社区银行等地方中小金融机构，制定专门针对中小企业信贷业务的管理办法、评级标准和操作流程，量身定做能满足中小企业融资需求的"商贷通"、"好融通"、"民易贷"、"个人授信额度资助循环贷款"等信贷品种。二是加快中小企业融资担保制度建设。建立由政府和企业共同组建、为中小企业贷款提供担保的市场化担保机构，建立健全由政府主导的风险投资基金和政策扶持体系，设立政府担保基金、民间互助担保基金和大力发展营利性担保公司等多形式地为中小企业提供银行贷款担保。积极探索通过将多个担保机构的信用整合"抱团"成一个担保共同体的方式，突破单个中小企业担保公司担保限额的瓶颈。三是加大中小企业直接融资力度。降低中小企业股票上市和债券发行的门槛，引导和推动中小企业在中小板上市，支持中小企业通过发行中小企业集合债券进行融资。尽快研究提出自治区创业投资基金实施方案，搭建中小企业创业投资服务平台，拓宽中小企业尤其是从事高新技术领域的中小企业融资渠道。

（杨臣华 、包思勤、安士玲、黄占兵、付东梅）

2009 年全区固定资产投资：
信心与压力并存

一、2009 年 1～5 月份全区固定资产投资运行的主要特征

2009 年 1～5 月份，全区 50 万元以上项目固定资产实现了快速增长，完成投资额 1653.18 亿元，同比增长 46.6%，增速比上年同期快 25.1 个百分点，比全国同期快 13.7 个百分点（见图 1）。

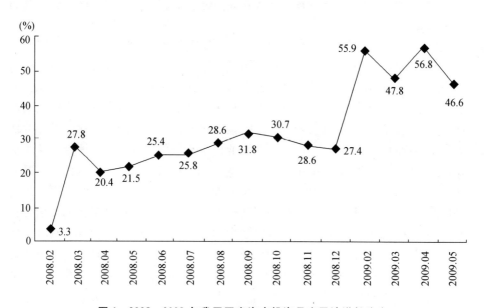

图 1　2008～2009 年我区固定资产投资月度累计增长速度

（一）工业投资增速加快，为完成全年工业固定资产投资奠定了基础

2009 年 1～5 月份，全区工业投资 924.45 亿元，同比增长了 37.1%，增速较上年同期快 12.4 个百分点；占全年工业固定资产投资总额 3500 亿元

（占全年固定资产投资目标的 49.3%）的比重达到 26.4%。自治区 150 个工业重点项目（计划投资 1137.2 亿元）已完成投资 331.21 亿元，投资完成率达到 29.13%。值得注意的是，4 月份以来工业固定资产投资增速快速上升，4 月份累计增速达到 47.8%，这也是自 2008 年以来的最快速度。工业投资增速的加快，将为完成全年固定资产投资目标奠定良好基础（见图 2）。

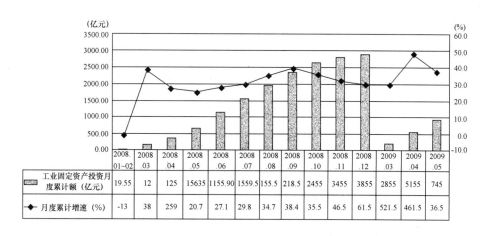

图 2　工业固定资产投资总额月度累计总额及速度比较

（二）第三产业投资增幅回升较快，占投资比重上升

我区第三产业投资从 2000～2008 年呈缓慢增长和起伏波动态势，整体投入水平呈下降趋势。然而 2009 年 1～5 月份，全区第三产业投资已完成644.26 亿元，同比增长 58.2%，增速快于同期工业和全社会固定资产投资累计增速，且占固定资产总投入的比重达到 39%，比上年同期增加了 2.9 个百分点。值得注意的是水利、环境和公共设施投资增幅大幅上升。1～5 月份，水利、环境和公共设施投资完成 150.03 亿元，同比增长 176%，增速较上年同期快 194.7 个百分点，卫生、教育等领域投资也获得较快增长。

（三）农林牧业投资增速提高，占投资比重上升

2009 年 1～5 月份，农林牧业累计投资 84.47 亿元，同比增长 81.8%，增速较上年同期快 41.6 个百分点，较同期规模以上固定资产投资增速快 35.2个百分点，分别快于工业和第三产业增速 44.7 和 23.6 个百分点；占同期规模以上投资比重为 5.1%，较上年同期上升了 2 个百分点。

（四）第一、二产业贷款稳步增长，第三产业贷款比重明显上升

2009 年 1～4 月份，全区金融机构对农林牧业新增贷款 186 亿元，占全部产业新增贷款的 25.42%。各金融机构在加大农牧业信贷投放的同时积极支持农牧业产业化龙头企业，5 月末，中国农业发展银行内蒙古分行累计投放贷款 18.76 亿元，同比增长 2.34 倍。数据还显示，第二产业新增贷款 228.64 亿元，占全部产业新增贷款的 31.25%，其中，新增制造业贷款 108.28 亿元，煤炭、电力和钢铁类企业贷款余额 1126.33 亿元，占比重为 68.22%。另外，第三产业新增贷款 316.92 亿元，占全部产业新增贷款的 43.32%，其中，新增批发零售业贷款 99.10 亿元，交通运输、仓储和邮政业贷款 96.27 亿元，水利、环境和公共设施管理业贷款 88.38 亿元。

二、2009 年上半年及全年固定资产投资增长判断

"十一五"以来，固定资产投资对我区经济增长的贡献率总体呈上升态势，粗略计算，2006 年和 2007 年投资贡献率分别为 75.9% 和 79.9%，2008 年受国际金融危机影响，投资贡献率有所下降，但仍达到了 71.3%。根据 2009 年前 5 个月我区经济增长情况和全国经济企稳向好的形势来看，预计 2009 年生产总值增长 15% 以上。考虑到中央新增投资因素，2009 年的投资贡献率要高于 2006~2008 年的平均投资贡献率 76%，达到 78%。由此判断，2009 年我区固定资产投资 7100 亿元的目标有望如期完成。

从历年我区固定资产投资季节变化规律看，随着天气因素对项目开工影响的结束，第二、三季度往往是我区项目集中开工、投资高速增长的关键时期。2004~2008 年我区第二、三季度固定资产投资占 2009 年全年投资的比重总体上呈上升态势，2008 年分别达到了 38% 和 80.1%。2009 年以来，在中央投资的带动下，前 5 个月固定资产投资占 2009 年全年的比重就达到 23.3%，比上年同期高 2.9 个百分点。据此判断，预计 2009 年上半年我区固定资产投资将继续保持高速增长态势，占全年的比重将略高于 2008 年，达到 40% 左右，投资总量将达到 3100 亿元左右，增长 40% 以上。

从全年看，增强投资者信心的有利因素较多，主要表现在：

（1）从国内经济形势看，随着国家实施调整振兴产业规划，加快建设保障性安居工程、农村基础设施、交通基础设施和生态环境，加快自主创新和结构调整，加快医疗卫生、文化教育事业发展，下调固定资产投资项目资本金比例，实施结构性减税等一揽子保增长、扩内需、调结构的宏观调控措施效应的逐步显现，市场信心逐步恢复，我国经济总体形势进入企稳向好的关键期。这为我区承接 2009 年前 5 个月经济较好形势，继续保持投资快速增长提供了良好的宏观环境。

（2）从市场需求变化看，在大规模基础设施建设拉动下，水泥、平板玻璃等主要建材产品价格有所回升；国家鼓励发展风电等新能源行业发展，鼓励煤制油、煤制烯烃等煤炭深加工，加大天然气勘探开发力度，为我区加大风电等新能源、煤化工、天然气开发等投资带来了机遇；国家加大农业基础设施等投入，为我区农牧业投资继续保持高速增长提供了支撑。在国家相关优惠措施推动下，房地产市场呈复苏迹象，2009 年前 5 个月全区商品房销售面积同比增长 40.7%，销售额同比增长 45.6%，这将有助于我区房地产企业扭亏增盈，增强投资意愿和能力。

（3）从资金来源看，前两批中央新增投资下达项目的全面开工建设以及新增中央投资的陆续下达，加上我区各级政府投资力度的加大，将带动社会投资快速增长。57 亿元中央代发地方债券资金的逐步下拨，也将大大提高地方政府资金配套能力。良好的信贷资金环境有助于企业缓解资金紧张，提高投资能力，从而促进信贷资金转化为生产投资的比例上升。市场需求和信贷环境的积极变化将有助于缓解我区工业企业自有资金短缺、周转困难等问题，从而提高自身的投资能力。区外企业经营状况逐步好转，发达地区产业转移步伐加快以及煤制油、煤制烯烃等一系列国家重大战略项目在我区落地，将推动我区招商引资规模扩大。中央在重大项目安排上对西部地区倾斜，对我区在特高压电网建设、鄂尔多斯市上海庙资源整合、黄河堤坝建设、鄂尔多斯—北京和通辽—北京高速铁路建设等重大项目上予以支持，将进一步增强我区投资增长的后劲。

需要注意的是，还存在一些制约固定资产投资增长的因素，完成全年固定资产投资目标依然面临较大压力。判断依据主要在于：①在外部需求持续萎缩和部分行业产能过剩的影响下，2009 年 5 月末 PPI 同比下降 7.2%，企业经济效益下滑，我国经济企稳向好的基础不够稳固，经济下行压力仍然较大，这将大大增加我区投资增长的不确定性。②受企业效益下滑和市场准入门槛高等制度性障碍因素影响，企业自主投资意愿和能力不足，部分项目出现停建或缓建的倾向，部分招商引资项目虽已签约，但业主不履行合同，项目迟迟不能开工建设，从而导致政府投资对占我区固定资产投资 80% 左右的社会投资的带动效应不强，削弱了政策"杠杆"的带动力。③我区钢铁、煤炭、电力等行业产能过剩，加上库存调整出现反复，这些行业稳步回升尚待观察，这将对工业投资产生一定影响；房地产市场仍处于库存消化期，房地产商资金紧张局面尚未得到根本改观。④2009 年前 5 个月我区新增贷款占全年新增贷款目标 1200 亿元的比重已超过 80%，在经过前几个月资金密集投放后，银行放贷速度和规模将逐步减小；新增中央投资项目中，旗县级因自身财力有限和配套资金比例大，资金配套难度较大；中小企业由于规模小、信用低、担保难，仍然普遍存在建设资金短缺和融资困难等问题。⑤电力项目的送出条件、重化工项目的取水条件、重点冶炼项目的资源配置条件以及区域大项目的铁路运输条件等工业发展外部协作条件尚有欠缺，将对项目的落地开工、达产产生影响。

三、促进我区固定资产投资快速增长的对策建议

（一）着力调动社会投资

（1）增强政府投资对社会投资的带动效应。各级政府资金除了直接投资项目建设外，还要拿出一定比例资金，通过资本金注入、补助、贴息等多种方式，引导和带动社会投资投向高新技术产业、现代制造业和现代服务业等有潜力、有后劲的竞争性、经营性项目以及公共基础设施项目、民生工程以及生态环境保护等公益性项目，充分发挥政府投资的引导和放大作用。

（2）进一步调动社会资本的积极性。尽快研究出台促进社会投资的相关优惠措施，消除制约社会资本的制度性障碍，取消各类不合理的行政性收费，为社会资本提供平等的待遇。进一步拓宽社会资本的投资领域，加快垄断领域对内开放步伐，放宽市场准入。加快改进对社会投资项目的管理，规范投资管理部门的核准、备案行为，做好社会投资项目信息的统计、分析和公告工作。

（3）加大招商引资力度。围绕产业多元、产业延伸和产业升级，以承接配套产业集群转移为重点，在继续加大特色优势产业引资力度的基础上，积极引进鞋帽、服装等劳动密集型加工业和非资源型产业，加快推进建筑企业内引外联，加快引进现代物流、金融服务等优势特色产业发展急需的生产性服务企业和旅游企业。

（二）着力促进工业投资

（1）加强项目前期工作。加强对国家产业政策和扩大内需后续政策动向的研究，根据政策导向超前谋划、筛选、储备一批关系自治区中长期发展的重大项目，预留好项目建设所需要的用地和占用林地指标。对国家审批或核准备案的项目，自治区相关部门要帮助企业积极争取国家支持，协调落实土地、环保、水资源等项目建设前置条件和项目的核准审批。对自治区审批或核准备案的项目，环评、安评、节能评估、土地预审、城市规划等相关部门要加强协调配合，倒排工期、尽快落实各项配套条件。

（2）加强重点项目建设。扎实推进中央新增项目建设。尽快完成 2008 年新增投资实物工作量，加快推进 2009 年新增投资项目建设步伐。着力开展对中央检查组等各级检查中发现问题的整改工作，严禁项目单位将新增中央投资用于偿还以往债务和拖欠款，不得截留、滞留不用和浪费建设资金。抓好自治区 150 个重大项目的集中调度和建设，自治区重点项目单位按照国家土地、环评、节能等管理要求，严格落实项目法人责任制、招标投标制、工程监理制等规章制度，确保项目顺利实施。尽快与东北电网进行协调，解决风电输电通道和输电额度问题。

（3）加强项目监督考核。按照全年投资工作目标的要求，对重点项目工作和任务进行逐项分解，落实到具体单位、部门和承办人，明确责任和工作目标。强化自治区工业重点项目各盟市主要领导亲自抓、分管领导具体协调的项目建设管理责任制，每月召开一次经济运行分析会和重点项目调度会，针对重点项目建设中遇到的困难及时进行协调处理。继续把自治区工业重点项目建设和管理工作作为对各盟市工作年终考核的一项重要内容纳入政府绩效考核范围，建立奖优罚劣的激励制度，实行月调度、季通报、半年检查、年终考核，确保工作落实到位。

（三）着力振兴房地产市场

（1）引导和鼓励房地产企业加大投资。各盟市结合当地实际，通过城市再造、景观绿化带动等方式，引导和鼓励房地产企业积极应对市场变化，在加大住房项目投资的同时，适当关注旅游房地产、商业地产和保障性住房项目，走多元化开发道路。实行商贸项目补贴制度，对单体建筑面积或营业面积达到一定规模的宾馆、酒店、大型超市、商场和商务办公楼宇项目，免收城市基础设施配套费，并给予一定额度的固定资产投资补贴。

（2）优化土地出让政策。采取协议净地的方式供地，与用地单位签订征地拆迁承包协议或补偿协议后，即可实施土地出让。在坚持净地拍卖的基础上，增加净地（期地）拍卖和净地（期地）挂牌的出让方式。细化经营性用地分类，在原有商业、住宅、商住混合（综合用地）的基础上，对商业用地按大型商场、宾馆、旅游、农贸市场、大型交易市场等不同用途，合理确定土地价格。

（3）加强房地产项目配套基础设施建设。对即将进行房地产开发的地块先期启动基础设施配套工程建设，提前完善其周边的供水、供暖、供气、路网、绿化等市政设施和公共服务设施，为房地产的开发建设打造良好的配套设施环境。加快污水处理配套建设，不再要求房地产开发项目同步建设中水设施。

（四）着力解决中小企业融资难问题

（1）提高中小企业金融服务水平。抓住国家加快发展中小企业的机遇，加快推进金融创新，建议在各盟市以及条件较好的旗县设立专门面向中小企业的金融机构，制定专门针对中小企业信贷业务的管理办法、评级标准和操作流程；量身定做能满足中小企业融资需求的信贷品种；制定专门的中小企业信贷考核办法及责任制度等。

（2）进一步完善中小企业融资担保制度。通过建立由政府和企业共同组建、为中小企业贷款提供担保的市场化担保机构，建立由政府主导的风险投资基金和政策支持体系，设立政府担保基金、民间互助担保基金和大力发展营利性担保公司等多形式为中小企业提供银行贷款担保。支持担保机构简化贷款担保手续，缩短贷款担保办理时间。加强与银行协商，争取在授信额度内采取"一次授信、分次使用、循环担保"方式，提高放贷效率。

（3）加快发展民间融资。通过制度创新，使部分符合条件的民间融资合法化，加快培育以民营资本为主的中小型金融机构。对符合基本条件申报小额贷款公司的，给予快速审批，在监管上给予技术帮助和人力支持，促进小额贷款公司规范健康发展，为中小企业融资拓宽渠道。改组改造非金融机构，合理引导民间资金转化为资本，加快村镇银行、社区银行等民营银行建设步伐。降低中小企业股票上市和债券发行的门槛，给予中小企业发行企业债券的平等机会。

（杨臣华、包思勤、黄占兵、赵杰）

当前我区的消费形势及 2009 年一季度走势判断

2008 年 9 月份国际金融危机爆发以来，我区和全国一样，许多经济指标的增长趋势发生了逆转，呈现出由升转降、不断下探的走势。尽管国家和自治区出台了一系列拉动投资和消费增长的强有力措施，但短期内消费环比增长依然出现了幅度不小的回调。如何进一步扩大消费需求，保持消费对经济增长的拉动力，是当前我区需要高度重视的问题。

一、当前我区消费增长态势分析

（一）金融危机对我区 2008 年消费与收入的影响

2008 年下半年，我区社会消费品零售总额月度增速从 6 月份的最高点 26.2% 逐月下降到 12 月份的 22.4 %，累计增长则从 9 月份的最高点 24.5% 下降至 12 月份的 24.1%（见图 1）。

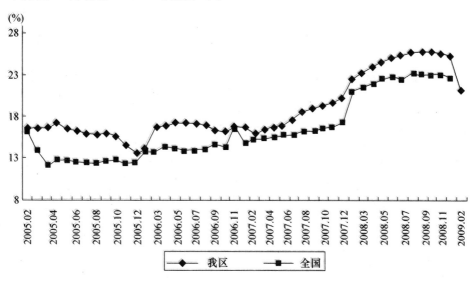

图 1　我区社会消费品零售总额月度累计增长速度与全国对比

与此同时，2008 年我区居民收入和消费支出增长幅度比上年出现了不同程度的下降，其中城镇居民人均可支配收入增长 16.6%，低于上年 2.9 个百分点；农牧民人均纯收入增长 17.8%，低于上年 0.5 个百分点；城镇居民人均消费支出增长 16.7%，低于上年 4.4 个百分点；农牧民人均生活消费性支出增长 11.1%，低于上年 6.4 个百分点。可以看出，支出增幅的下降远远大于收入降幅；显示出较小的收入增幅下降导致了较大幅度的支出下降，表明居民消费心理特别是农牧民消费心理的脆弱和对未来预期信心的不足。

（二）2009 年 1～2 月份消费增长和结构变化特点

2009 年以来，通过扩内需、保增长、调结构，全区经济增长的下跌势头初步得到遏制，1、2 月份规模以上工业增长速度分别为 12.4% 和 19.6%，环比增长初步呈现上升势头，但 2 月份同比增长比去年低 8.9 个百分点，要实现后期稳定回升仍需作进一步的整理蓄势。

在此背景下，同时受节日因素的影响，2009 年 1～2 月份我区消费环比增长呈现继续回缩态势，但累计增长高于上年同期水平。2 月份当月社会消费品零售总额增长 17.8%，低于上月 5.2 个百分点；1～2 月份累计增长 20.5%，高于上年同期 4.1 个百分点。从城乡结构看，1～2 月份市、县和县以下社会消费品零售总额增长分别为 21.3%、19.5% 和 18.1%，即越接近农村牧区消费增长越趋缓慢；但与上年同期水平相比，市、县和县以下分别高 4.2、4 和 4.2 个百分点。

从消费热点看，一是集中于传统消费产业，2009 年 1～2 月份住宿和餐饮业增长最快，同比增长 24.2%，高于去年同期 3.8 个百分点；零售业增长 20.5%，高于上年同期 4.3 个百分点。二是呈现出新的消费热点，石油及制品类增长 20.4%，汽车类增长 18%，粮油、食品、饮料和烟酒类增长高达 27.5%，普遍高于上年同期水平。

从价格总体水平看，价格水平继续下降，出现了多年未遇的负增长。2009 年 2 月份居民消费价格指数增长 -1%，比 1 月份低 1.2 个百分点；1～2 月份累计增长 -0.4%，比上年同期低 2.4 个百分点。其中城乡食品累计增长均为负值，只有居住价格依然居高不下，同比增长达 1.3%。我区消费和价格受节日因素性影响较大，2 月份消费增长虽然有所回调，但 1～2 月份累计增长远高于上年，显示出我区消费增长的内生性动力在不断增强。

二、2009 年一季度我区消费增长趋势预测

虽然 2009 年 2 月份工业、投资等主要指标初步呈现出回暖上升势头，但

我区经济和全国一样，未来发展的不确定因素依然存在。预计社会消费品零售总额一季度将呈现相对平稳、小幅波动的增长态势，1～3月份累计增长21%左右，约低于上年同期水平1个百分点。主要判断依据如下：

（1）消费增长的上升意愿较强，但短期内将有小幅波动。经济增长内在的规律性和周期波动性，是进行趋势判断的主要依据之一。从图1中可以看出我区社会消费品零售总额增长轨迹近年来呈现出小落大涨、不断突破前期增长平台，逐级向上的增长态势。2006年与全国增长水平相当，2007年和2008年增幅分别高于全国6.7和2.5个百分点。经济的波动虽然会对消费产生一定影响，但我区消费增长向上的基本趋势不变，显示出较强的增长潜力。居民消费能力的提高和消费升级换代的要求带来了交通通信等新型消费业的稳定快速增长，住房消费降温以后汽车消费和与之密切相关的消费领域成为消费热点，消费需求自身动力的增强是保持其稳定增长的根本原因。但也应看到，目前社会消费品零售总额增长已经下滑到18个月以来的最低点，虽然有节日因素的关系，但下行压力依旧存在，短期内的小幅波动将不可避免。

（2）国家和自治区一系列促进消费、改善民生的政策将发挥积极作用。针对当前形势，为扩大内需保持经济增长的动力，国家和自治区除加大投资力度外，制定了多项刺激消费尤其是促进居民消费的政策措施，如为群众办好"十件实事"，实施"十项民生工程"，包括提高最低保障标准、建立企业工资集体协商制度等提高居民收入的政策；关系到养老、医疗等建立健全社会保障体制的政策；2009年加快市场体系建设的七项政策措施，大力开拓农村牧区消费市场，"家电下乡"、"农机下乡"等促销活动；各项支农惠农政策等；除直接提高居民的消费能力外，还在很大程度上缓和了居民由于经济下滑所产生的消极心理预期，提高消费意愿，增加即期消费水平。但政策实施效果的显现需要一定的时间，转化为即期消费将会出现一定的时滞和折扣，所以对一季度的积极影响较为有限。

（3）政府消费比重的不断加大，将在很大程度上为消费的增长提供保障。近年来自治区政府消费占总消费的比重逐年加大，2007年为35.6%，比上年增加了0.6个百分点，比2000年增加了6.6个百分点，2000～2007年年均增长速度为18.05%，大于居民消费同期水平3.2个百分点。假设2009年政府消费按此速度增长，则将达1306.7亿元；而考虑到为扩大内需政府财政的倾斜力度，预计2009年政府消费增长将超过这一速度，达20%以上，对消费的稳定支撑作用不可低估。然而应该看到，目前各项促进消费的政策措施、民生工程的实施相当大程度上依靠政府财政的支出，由于我区财政支付能力有限，进一步增加政府消费的难度相对增大。

（4）CPI价格水平回落、降息预期等因素，将刺激居民尤其是低收入群体的消费。一是2009年1、2月份我区CPI仅为100.2和99，使居民所需消费支出相对下降，将刺激居民尤其是低收入群体的消费增长。各大商场针对目前经济的不景气，也相继推出了商品打折等各种促销措施。虽然春节后部分食品、日用品价格出现了小幅上涨，但涨幅低于上年水平，将使居民消费保持一定的热情。二是据有关方面预测，国家很可能在2009年上半年再次降息，以鼓励居民增加消费，减少储蓄意愿。三是全国不少省市对低收入群体发放了消费券，不仅受到百姓称赞，也得到了国内外经济学家的好评。如果我区也发放限期使用的消费券，可以进一步促进消费的增长。

三、对策建议

在国家和自治区各项拉动消费需求政策措施的拉动下，虽然2009年1、2月份我区消费保持了相对稳定的增长态势，但如前所述，消费领域仍然存在着一些突出问题，如居民消费信心不足，消费意愿趋弱；低收入群体和农牧民消费支出增长下降；由于企业停产、半停产所导致的失业增加带来的收入下降等现象；制度、市场等因素对消费增长的制约等，需要我们制定对策加以解决。

（1）应注意跟踪扩大消费政策实施的效应。国家和近期我区制定的一系列促进消费、增加居民收入的政策措施，只有落到实处才能真正发挥政策效能。因此需要责成专门机构，对资金和项目的落实情况定期进行跟踪、监督检查，并上报党委政府和有关部门；对发现的问题要及时给予纠正解决。尤其要重视民生问题，通过网络等渠道及时了解百姓呼声，最终使富民惠民政策转化为有效的消费需求。

（2）要大力挖掘农村牧区消费潜力。我区农村牧区市场消费潜力巨大，目前统计数据和各方面的情况均表明，金融危机对农牧民消费支出的负面影响远远大于城镇居民，所以要进一步加大利农惠农政策的力度，大力提高农牧民收入，完善农村牧区社会保障体系，监督落实各项政策的实施情况。对"万村千乡市场工程"建设中存在的物流半径大、经营成本高等困难给予扶持。对试点企业建设配送中心无法申请到农业银行和国家开发银行的贷款的情况，要优先给予资金支持。重点做好"家电下乡"工程，并注意开辟新的消费亮点，从收入和营造消费环境两个方面真正扩大农村牧区消费。

（杨臣华、包思勤、安士玲、毕力格）

我区当前就业形势及对策研究

受国际金融危机和全国经济增长明显减速的影响，我区经济下行压力加大，对就业产生直接影响，使我区就业面临严峻挑战。2009 年全区城镇劳动年龄人口中有求职愿望的无业人员 27.1 万人，农村牧区未转移就业的富余劳动力 36.4 万人，两项合计达 63.5 万人，而全区提供就业岗位仅 30 万 ~ 35 万个，劳动力供大于求状况十分突出。其中，以三大就业困难群体，即高校毕业生，返乡农民工，受金融危机影响关闭、停产、半停产企业从业人员所受冲击最为突出。本文就这三大就业群体进行分析，并提出相应对策措施。

一、当前就业形势判断

（一）大学毕业生就业形势严峻

2009 年全区高校毕业生就业形势将继续趋紧。一是毕业生总量继续增加，规模达 78700 人（见表1），比上年增加 2936 人，加上 2008 年未就业的 18896 人以及其他年份未就业毕业生，共有超过 10 万毕业生需要解决就业问题。二是全区经济下行对就业影响较大，停产、半停产企业已难以接收新进人员。三是从高校校园洽谈活动需求情况看，进校招聘的用人单位数量和需求量明显少于往年。四是我区高校在专业设置、人才培养等方面长期不能适应市场需要，加剧了就业供需失衡。五是就业结构性矛盾依然突出，大中城市竞争激烈，基层边远地区少人问津。六是由于自主创业切入点难找、资金缺乏、创业教育贫乏等短期难以克服的因素，毕业生自主创业意愿较低。

表1　自治区近几年高校毕业生毕业、就业情况统计

年份	高校毕业生人数（人）	就业人数（人）	就业率（%）	未就业人数（人）
2004	31995	21520	67.26	10475
2005	40794	28474	69.80	12320
2006	55801	39775	71.28	16026
2007	68501	49656	72.49	18845
2008	75764	56868	75.06	18896
2009	78700	—	—	—

（二）农民工就业机会减少

返乡农民工将不断增加。2008 年我区农民工 220 多万人，截至 2009 年 2 月初返乡农民工近 22 万人（见表 2），其中分布较多的盟市为赤峰市、通辽市、乌兰察布市，占全部返乡农民工的 71%，返乡农民工中有就业愿望的比重达 72.6%，其中仅有 22.5% 参加了培训，虽有 35% 已重新就业，但还需解决其余 65% 的就业问题。农民工就业供求矛盾将比较突出，引导农民工有序流动就业和就地就近安排就业任务繁重。一是据对城市企业调查，2009 年企业招工计划数量比 2008 年减少 20%，空岗数量减少 10%；二是企业招聘时间普遍延后，在春节后 1 个月内招新员工企业的比重同比下降 12%；三是要求新招员工具有高中以上文化程度和中级工以上技能的比重增加，同比分别上升了 2% 和 2.6%。综合分析，2009 年城市企业对农民工的用工数量有所下降，招工时间推后，技能要求提高，农民工在城市的就业空间缩小。

表 2　金融危机对我区返乡农民工就业影响汇总（截至 2009 年 2 月 5 日）

单位：人

地区	返乡农民工人数	有职业技能人数	有就业愿望的人数	已参加培训人数	已实现就业人数	自主创业人数
呼和浩特	947	126	215	21	0	0
包头	24945	5836	21647	3494	1446	103
呼伦贝尔	4502	779	2924	778	519	184
兴安盟	2906	1313	2900	1155	1963	264
通辽	33678	5660	22883	5691	3464	1491
赤峰	53037	11660	22419	2140	7175	369
锡林郭勒	357	39	298	73	88	23
乌兰察布	68572	19707	61268	15437	36066	5650
鄂尔多斯	12694	3129	12694	2567	2531	0
巴彦淖尔	12244	1966	7322	1710	1814	456
乌海	0	0	0	0	0	0
阿拉善	5480	934	4670	2699	1058	193
满洲里	0	0	0	0	0	0
二连浩特	0	0	0	0	0	0
合计	219362	51149	159240	35765	56124	8733

（三）企业裁员和隐性失业压力较大

2008 年下半年以来，受金融危机影响，我区很多企业处于停产、半停产状态，造成部分人员失业。2009 年 1 月份我区经济虽有小幅回升迹象，但企业失业及隐性失业人数并没有减少。截至 2 月初，全区 3638 户规模以上工业企业中有 982 户企业仍处于停产、半停产状态，近 1.98 万人与企业解除了劳动关系，企业内部隐性失业人数达 9.15 万人，两项合计近 11.13 万人（见表3）。2009 年，伴随着金融危机的探底过程及宏观经济影响，部分地区、部分行业的失业问题仍有可能集中爆发，失业及隐性失业数字还将不断扩大。

表3　金融危机对我区企业就业影响汇总（截至 2009 年 2 月 5 日）

地区	波及企业数（家）	受影响职工人数（人）	未解除劳动关系的人数（人）	解除劳动关系的人数（人）
呼和浩特	31	5270	5200	70
包头	193	19343	19190	153
呼伦贝尔	2	916	910	6
兴安盟	2	2030	1650	380
通辽	99	5907	2924	2983
赤峰	15	6891	5891	1000
锡林郭勒	112	9559	9559	0
乌兰察布	172	12290	6982	5308
鄂尔多斯	90	17041	13938	3103
巴彦淖尔	52	9608	8195	1413
乌海	73	10416	9850	566
阿拉善	92	9130	5595	3535
满洲里	49	2870	1600	1270
二连浩特	0	0	0	0
合计	982	111271	91484	19787

二、促进就业的政策建议

（一）促进大学生就业的政策建议

建议实施"内蒙古高校毕业生就业见（实）习示范基地建设计划"。从 2009 年起，力争用 3 年时间在全区建立 150 家"自治区级高校毕业生就业见

（实）习示范基地"，推动高校毕业生就业见（实）习制度的全面实施。

建议实施毕业生就业与高校招生计划、教学水平评估和学科专业设置"三挂钩"制度。教育厅每年9月向社会公布全区高校各学科专业的就业率，并根据各学科专业当年的就业率调整下一年招生计划。指导各高校开展校企合作、定岗实习＋就业、订单式培养等就业创新活动，不断改进教学内容和教学方法，深化人才培养模式的改革，全面实现企业用人需求与学校人才培养的"零距离"对接。

减少结构性失业，通过城市社区和农村基层岗位补贴、学费和助学贷款代偿、考研究生、考公务员加分、实施"一村一社区一名大学生工程"以及扩大"三支一扶"、"志愿服务西部计划"、"大学生到村任职"、"农村义务教育阶段学校教师特设岗位"等计划，多种手段鼓励毕业生去基层工作，力争规模达到当年应届毕业生数量的10%。

在切实落实国务院《关于促进以创业带动就业工作的指导意见》和自治区人民政府《关于鼓励全民创业促进以创业带动就业的意见》相关政策的基础上，加大贷款扶持力度，取消贷款限额，降低创业门槛，注册资本可延长到5年内到位，前两年可不进行资本注册。积极搭建创业平台，筹建高校毕业生创业基地，对于吸纳大学生就业的创业项目，地方财政要给予不低于5000元的一次性岗位补贴；对创业成功者地方财政要给予不低于8000元的一次性创业补贴。

通过放松户籍限制、政策扶持、财政补贴等手段鼓励毕业生到中小企业和民营企业工作，对到中小企业和民营企业就业的大专院校毕业生，政府给予基本养老、基本医疗、失业保险补贴。鼓励骨干企业和科研项目积极吸纳和稳定大学毕业生，并给予每人不低于5000元财政补贴。

减少或推迟大学毕业生供给，加大力度制定并落实部队征兵主要面向大学毕业生的新政策，增加研究生、第二学位、专升本扩招。

加强就业创业指导及服务。完善深化高校就业创业指导机构的服务功能，将就业创业指导课列入必修课，系统培养学生的创业意识和基本的创业技能以及正确地选择创业项目，减少大学生就业创业的盲目性。对2009年度未就业的毕业生进行失业登记，继续提供职业介绍，培训等系列服务。

（二）针对返乡农民工的政策建议

扩大劳务输出基地，拓展劳动力资源向区外输送的渠道，实现有组织输出。尤其是乌兰察布市、赤峰市、通辽市、包头市等自治区劳务输出重点地区，要切实衔接好劳务输出和转移就业工作，巩固各地在周边省区建立的劳务基地，力争使这些地区用工单位使用我区农民工规模不减。进一步加大对沿海发达地区劳务基地的建设力度，努力增设劳务基地，通过劳务输出基地建设，实现有组织输出。同时，围绕打造农民工劳务品牌，加强劳动力资源市场化营销，扩大输出领域，加大与国内大中型企业和输入地劳务服务机构的对接力度，全面拓展工程性劳务、技术性劳务和城市服务性劳务的输出渠道，扩张输出规模和劳务经济总量，促进我区外出务工人员稳定就业。

实施重点工程就业服务计划，鼓励重点工程吸纳农民工就业。凡是国家、自治区投资实施的重点工程项目，主管部门和建设单位新招用本地返乡农民工，并对签订了 1 年以上劳动合同的，按一定标准给予试用期用工补贴、1 年工伤保险补贴；对新招用的本地返乡农民工需要进行上岗前培训的，给予职业培训补贴。劳动保障部门要及时发布重点工程项目用工需求信息，将信息渠道建设到乡镇一级，保障信息畅通。

实施"凤还巢工程"，支持返乡农民工创业。利用存量建设用地、荒山、荒坡、荒地等，因地制宜建设农民工创业园或创业孵化基地，引导和扶持有创业愿望、有创业条件的农民入园创业。对在园区内创业的经济实体，5 年内免缴管理性费用、2 年内免缴场地费，水电费给予适当优惠。各乡镇及财政、劳动保障等相关部门要为农民工创业者提供事务代理、信息咨询、创业培训、融资担保等配套服务。

实施职业技能培训特别计划，整合培训资源，把返乡农民工培训纳入公共就业培训范围，落实学费补贴及培训补贴。针对农民工的不同特点，开展针对性培训，提升农民工就业的竞争力和自主创业的能力。对转移就业的开展技能培训，提高其就业能力；对有资金、有技术、有创业愿望的开展创业培训，提高其创业能力；对务农的开展农业实用技术培训，提高其增收发展能力。

实施企业录用返乡农民工奖励计划。对从事规模以上种养业和第二、三产业，吸纳返乡农民工就业的企业和单位，凡与返乡农民工签订劳动合同半年以上，采取以奖代补方式，按每用农民工一人奖励 2000 元给用工单位。对当年新招返乡农民工达到企业在职职工总数 30%（超过 100 人的企业达15%）以上、并与其签订 1 年以上劳动合同的劳动密集型中小企业，可按每人 5 万元标准，给予最高不超过 200 万元的贷款，期限不超过 3 年。

实施返乡农民工救助计划。对 3 个月以上未能重新就业的，当地政府按照最低工资标准的 70% 给予失业救助，救助期不超过半年。

（三）稳定企业就业岗位的政策建议

实施稳定岗位特别计划，在不折不扣地落实好中央"五缓、四降、三补、两协商"的组合政策的基础上，加大对经营困难企业的补贴、减免税费力度，切实帮助企业减轻压力、抑制裁员，稳定企业就业。

实施一揽子减免、缓缴税费计划。在取消和清理 108 项行政事业性收费项目的基础上，加大对困难企业减免、缓缴其他税费的力度。一是缓缴部门行政事业性收费和政府性基金。除社保费外，困难企业还可缓缴产品质量监督检验收费、环境监测服务费、地方教育附加费、价格调节基金等多项行政事业性收费和政府性基金。二是对中介机构的服务性收费减半或按最低价收取。由政府定价的中介机构服务性收费减半收取，不是政府定价的其他中介机构服务性收费按最低价收取。三是税款缓缴，部分税种可减免。对于困难企业可以延期 3 个月缴纳税款，缓缴期内免予加收滞纳金，给予房产税 50%、城镇土地使用税 50% 的减免，除此之外，对于小规模困难企业，在 2009 年内经批准实行由按月改为按季度向税务部门申报缴纳增值税。四是对招用农民工的企业，减免一定税费。工业困难企业招用了农民工，经劳动部门审批视同下岗再就业的人员，按实际招用人数予以定额一次扣减营业税、城市维护建设税、教育费附加优惠。定额标准为每人每年 4500 元。

实施一揽子补贴计划。实施破产企业职工求职补贴制度，在企业宣告破产到破产终结期间，对寻找工作的职工，比照失业保险金的标准给予求职补贴。实施稳定岗位补贴制度，鼓励企业在生产经营不景气期间，通过调整工时、工资等措施减少裁员，对可裁而未裁人员，比照失业保险金的标准给予一定期限的稳定岗位补贴。实施职业培训补贴制度，企业开展技能培训，各地区按社会需求程度和职业资格等级，给予相应补贴。鼓励企业通过转岗培训安置富余职工，给予转岗培训补贴。实施社会保险补贴制度，凡用人单位与大龄劳动者依法签订长期稳定劳动合同的，给予一定期限和比例的社会保险补贴。

（杨臣华、包思勤、付东梅、毕力格、安士玲）

2009 年内蒙古房地产业发展趋势分析

2008 年，在全球金融危机的冲击下，我国的房地产市场也进入了相对低迷期。一线城市的降价风，给我区的房地产市场也带来了一定的影响，造成买卖双方持续观望的局面。2009 年我区房地产业将向何处发展，是大家都十分关心的问题。我们试图通过对当前我区房地产业的分析，判断 2009 年房地产业的发展趋势，以供大家参考。

一、对我区目前房地产业发展情况的总体判断及前景分析

"十五"以来，我区房地产投资每年以接近 41% 的速度迅猛增长，2007年房地产业实现增加值 148 亿元，同比增长 16.6%，是 2000 年的 8.5 倍，占GDP 的比重由 2000 年的 1.3% 提高到 2.5%，对经济增长的贡献明显增强。同时，我区房地产业的高速发展，在带动相关行业的快速发展、促进就业等方面也发挥了积极作用。

（一）我区目前房地产业发展情况的总体判断

近几年我区房地产业的快速发展是否存在泡沫、能否保持健康发展势头，值得我们关注。为此我们从房地产业泡沫形成原因入手，通过相关指标，对房地产业进行了测度分析，旨在评价我区房地产市场发展的状况。

1. 房价与 GDP 增长弹性系数较低，反映出房地产业投资适中、扩张适度

房价与 GDP 增长弹性系数是测量虚拟经济相对实体经济增长速度的动态指标，通过房地产价格增长率与经济增长率的比较，监测房地产经济泡沫化趋势，指标值越大，房地产泡沫的程度就越大。该指标的警戒线一般定为 2，超过 2 时说明房地产业存在泡沫现象。2004 ~ 2008 年，我区的房价与 GDP 增长弹性系数一直低于 1，在 2007 年达到最高值 0.93，但 2008 年伴随着楼市低迷，该项指标出现回落（见表 1）。由此可见，我区的房价与 GDP 增长弹性系数远低于房地产泡沫可能发生时的 2，表明我区房地产业运行正常，不存在泡沫风险。

表1　全区房地产泡沫测度分析

年份	商品房价格增长率①（%）	GDP增长率②（%）	房价与GDP增长弹性系数	30m²住宅均价③（元）	城镇居民年人均可支配收入（元）	房价收入比
2004	9.32	27.33	0.34	41664	8123.1	5.13
2005	19.04	28.10	0.68	49596	9136.8	5.43
2006	9.57	24.29	0.39	54342	10358	5.25
2007	24.02	25.80	0.93	67395	12378	5.44
2008	14.44	24.77	0.58	77130④	14480	5.33

说明：①②均采用现价计算。③按照三口之家居住90平方米计算，人均居住面积为30平方米。④为预测数。

2. 全区房价收入比维持在合理范围，但部分地区偏高

房价收入比是房地产价格与居民平均家庭年收入的比值，反映了居民家庭对住房的支付能力，比值越高，支付能力就越低。当该指标持续增大时，表明房地产价格的上涨超过了居民实际支付能力的上涨。当市场中的房价收入比一直处在上升状态，且并没有存在市场萎缩的迹象，则说明这个房地产市场中投机需求的程度较高，产生房地产泡沫的可能性就越大。国际上通常认为房价收入比应维持在3~6的范围内。2004~2008年，我区的房价收入比始终保持在5~6之间，并且变化幅度不大，虽未突破警戒范围，但保持了较高的比例，表明我区房地产价格与居民的收入保持了基本同步的增长。但从呼包鄂地区来看，价格有些偏离市民的实际购买能力，市民非常明显地感受到了房价的变化及其对自己生活的影响。以呼市地区的商品房价每平方米2992元来测算，房价收入比为6.2，房价收入比超出正常比例，表明该地区房地产市场的供需存在着"消费不起"的问题。

3. 商品房空置面积逐年增加，反映出商品房供求失衡

2008年1~9月份，全区商品房空置面积达到359.8万平方米，同比增长70%。从首府呼和浩特的房屋空置面积来看，截至2009年1月底，全市商品房空置面积为263.14万平方米，其中住宅203.87万平方米。在这些空置面积中，空置1~3年的为258.68万平方米，空置3年以上的为4.45万平方米。空置率超出了合理空置区，说明过去的房地产投资过热，增长过快。

通过上述三个指标的分析，我们认为，我区房地产业的发展在最近5年大部分特征指标没有显示出房地产泡沫的特征，更没有出现房地产价格脱离市场基础价值的持续飞涨现象。但是，局部地区在房价收入比和商品房空置

率方面已经显示了房地产泡沫才具有的特征。

（二）我区房地产业的前景分析

居民、房地产企业、商业银行和地方政府 4 个参与方的共同行为造成了目前的房地产困局。房价能否实现在长周期内低速回落，取决于上述房地产市场参与各方的行为。分析房地产市场发展前景，并据以判断其今后的行为趋向，有助于厘清房地产市场的发展趋势。

（1）从供需双方的发展趋势看。目前的商品房市场需求结构发生的最主要变化是，刚性需求已经或得到有效释放，或受到抑制，换句话说，刚性需求转化为弹性需求。

从需求方看，房地产市场需求分为生活需求、改善需求、投资需求和投机需求。其中，生活需求是刚性的，其变化也是有规律可循的，无论房价涨跌，为满足生活居住的购房者，如果经济允许，会首选购房。在房改已经过去了十几年的今天，城镇大多数有购房实力的居民"自住型"需求基本得到满足，而有住房需求的农村外来人口，又不具备购房的经济实力，因此，生活需求这一部分不是太大；对于为改善住房条件而想购房者，在当前形势下，因为对房价的走势不明，可能就会持币待购；而对于投资性需求和投机性需求者，考虑到后期物业管理费及采暖费等持有成本，会更加理性地分析投资收益，他们也有可能加入持币待购者行列。

再从供给方看，随着我区二手房市场的逐步规范，房地产市场化的进一步发展等因素影响，住房二级市场有效供给将会不断增加，同时房地产市场供给的主要来源——房地产开发一级市场仍然继续放量。以呼和浩特现有的空置住宅面积 203.87 万平方米计算，大约 2 万套商品住宅，接近于呼市 2008 年全年的销售面积，这些空置商品住宅大约需要 2 年左右时间来消化。因此，商品房的供应在 2008 年以来出现明显供大于求的现象。

（2）从房价的变化来看。房价的构成主要包括土地成本、建安成本和项目经营期间的费用、税金及附加等内容，再加上开发利润。近几年，我区土地成交价格明显上涨，加上材料费、人工成本价格均有较大幅度上涨，这些因素综合导致全区商品房平均竣工造价增长较高。我们认为，土地作为一种稀缺的不可再生的资源，价格不可能降下去；随着消费者对住房质量要求的提高，建安成本也不可能下降；经营费用和税费一般来讲，维持在一个较为稳定的水平。据此分析今后商品房价格仍将保持在一定的水平上，但涨幅较前些年会有所减缓。加上政府的调控，房价的大幅变化也不可能出现。

（3）从房地产企业的发展趋势看。在房地产过热时期，房地产业的利润率比较高，因而吸引了过多商家进入，但一些房地产公司规模较小，开发的楼盘规模偏小，配套设施不齐全。经过几年的调整后，房地产业的盈利能力已呈下降趋势，房地产开发商之间的竞争日趋激烈，在此情况下，规模优势、品牌优势越来越成为企业赢得竞争的关键。房地产市场开始走向分化，一些实力较低的房地产企业正在被市场淘汰，房地产企业向规模化、品牌化方向发展。

（4）从2008年1～11月的各项指标变化情况看。受全国大形势的影响，从2008年9月份开始，我区房地产行业的主要指标，包括房地产投资完成额、商品房销售面积和销售价格，都出现不同程度的回落，其中，房地产投资完成额从9月份开始下降，但与上年同期相比并没有下降，房地产开发投资基本保持稳定；商品房销售价格与上年同期相比在8月份前均为上升，从9月份开始，出现下降的趋势，11月份在全国房地产新政策的刺激下，有所回升；商品房销售下降比较明显，1～11月，全区商品房销售面积为1546.1万平方米，同比增长19.1%，较1～10月同比增速回落5.3个百分点（见表2）。

表2　2008年1～11月全区房地产投资完成额、商品房销售面积和销售价格

	1～2月	3月	4月	5月	6月	7月	8月	9月	10月	11月
房地产投资完成额（亿元）	0.44	14.05	54.56	76.29	136.53	91.09	111.16	102.63	74.62	52.45
房地产投资完成额同比增速（%）	-52.17	76.95	89.18	43.46	82.94	37.14	37.61	47.58	27.34	43.90
商品房销售面积（万平方米）	2.27	39.85	84.40	108.89	171.35	227.90	180.79	330.31	210.57	189.77
商品房销售额（亿元）	0.74	11.09	21.23	28.80	48.38	65.28	47.19	82.55	43.47	41.36
商品房销售价格（元/平方米）	3259.91	2782.94	2515.40	2644.90	2823.46	2864.40	2610.21	2499.20	2064.40	2179.48
销售价格与上年同比增长（%）	-19.82	13.87	26.55	16.96	8.19	23.28	3.66	-0.58	-14.14	1.80

（5）从国家出台的政策对我区房地产业的影响来看。国家扩大内需政策对我区未来房地产的影响。2009年国务院确定的当前进一步扩大内需措施中与房地产业密切相关的有两条：一是加快建设保障性安居工程；二是取消对

商业银行的信贷规模限制。其中，把加快建设保障性安居工程放在首位，说明中央对待楼市的政策态度是鼓励政府为中低收入者提供住房，而非以扩大金融风险为代价去鼓励购买开发商的商品房。目前我区的保障性住房主要有两类：廉租房和经济适用房。廉租房与普通商品住宅市场基本没有冲突。但经济适用房与普通商品住宅在产权和品质上接近，增加经济适用房源的市场供给量，对于那些产品与保障性住房差异化不大的普通住宅开发商来说有一定冲击，该类型的商品房价格将有所回落。同时，由于房地产市场前景还充满不确定性，即便信贷政策松绑，也只是针对信用资质好的房地产企业和盈利前景较好的地产项目放宽。因此可以预见，未来房地产企业将加速分化，使得弱者越弱、强者越强的趋势更为明显。

宽松的货币和税收政策对我区未来房地产的影响。2008 年以来，大幅降息将从三方面影响房地产市场。首先，银行存款准备金率下调，将提供一个更为宽松的信贷环境，有助于房地产开发企业获得更多开发贷款渡过难关。其次，存款利率下调使得人们存款意愿降低、消费意愿增强。最后，贷款利率大幅下调导致房产持有成本下降，将在一定程度上增强消费者信心，缓解市场观望气氛，但要走出低迷期还需要相当长的时间。

综合上述分析，得出以下结论：2009 年，我区房地产市场观望气氛仍将继续，消费者信心不会在短期内恢复，市场需求也不会迅速释放，上半年楼市还将持续低迷。随着新楼盘的投放市场，商品房空置面积将进一步增加，供需矛盾还会进一步恶化，房地产企业的降价行为陷于两难。由于销售回款缓慢，使资金链日趋紧张，房地产投资将会逐步放缓，也使一些正在开发的项目难以为继。一些小型房地产企业将面临破产的危险，会形成部分银行呆坏账；大幅增加保障性用房的供应量等一系列调控措施的出台，将使部分楼盘的房价有所回落。

二、促进房地产稳定健康发展的对策建议

（一）充分认识房地产业的重要性，确保对房地产市场的有效调控

房地产业是一个与老百姓切身利益密切相关的民生产业，是国民经济中的支柱产业。据有关资料测算，房地产业每增加 100 元投资，可带动与之相关的十几个部门的 170 ~ 220 元投资；每增加 100 元消费，可拉动相关部门的 130 ~ 150 元消费；每就业 100 人，可拉动其他部门就业 20 人。由此可见，房地产业的稳定健康发展，事关相关产业的发展、人民生活的改善和社会的和谐稳定。各级政府必须高度重视，协调解决影响房地产业发展的重大问题，

正确引导地价、房价。必要时，政府可以通过控制地价、以成本核算和限制利润空间等方法，适度间接地干预房地产价格，避免房价脱离居民的购买力水平而影响市场景气，确保房地产业尽快渡过危机，保持稳定健康发展。

（二）加大金融支持力度，减少金融机构风险

协调银行支持信誉好、还贷能力强、有实力的房地产企业和有市场前景的房地产开发项目。规范土地、房屋等资产评估市场，确保对房产抵押价值的评估严格、真实、安全，避免呆坏账损失和信用膨胀，减少金融机构风险。积极发展住房公积金贷款与商业性贷款的组合贷款业务，增加对居民住房消费的有效需求，降低金融机构风险。强化政府监管和政策支持，以更好地发挥市场的作用，避免诱发金融风险。

（三）构建多层次的住房保障制度，加快解决中低收入和困难家庭住房问题

根据不同阶层、不同需求建立多层次的住房保障体系，拓展保障性住房供应的渠道，尽可能满足更多人的住房需求。一是推行配建保障性住房制度。落实住房建设中经济适用住房和廉租住房的配建比例，规定房地产商开发大型楼盘时，在其所建住宅中应含有一定比例的廉租房和经济适用房，避免保障性住房集中建设，引发"贫民窟"隐患，增加管理难度，同时还可以提高保障性住房配套设施水平。对保障性住房的建设用地，政府应给予无偿划拨，同时给予项目审批优先考虑。二是尽快出台相应的政策，采取公开招标的方式，以低于同类普通商品住房20%的价格收购符合条件的小户型空置房，作为拆迁安置房、限价商品房和保障性住房房源，出售给符合条件的销售对象。政府出钱购买开发商的闲置房作为保障性住房房源，一方面可以加快保障性住房建设速度，另一方面可以刺激商品房销售，同时政府从开发商手中大量购房，也可以平抑商品住宅销售价格。三是推行经济适用住房分配货币化。经济适用住房在实物分配的基础上，推行货币补贴方式，即具有经济适用住房购买资格的城市居民，在购买普通商品房时，由政府按标准给予货币补贴。

（四）促进房地产企业做大做强，提高行业的抗风险能力

鼓励房地产的大型骨干企业通过收购、兼并等方式努力做大做强，实现资源优化配置，提高行业的抗风险能力。同时要加强房地产开发企业诚信体系建设。进一步完善企业诚信的评定标准，严格评定程序，真正评选出有实力、讲诚信的开发企业，并切实落实奖励措施，树立诚信体系的权威性，营造良好的产业发展环境。

（五）推进住房公积金制度改革，提高使用效率

通过对现行住房公积金制度的改革，弥补制度缺陷，更好地发挥其住房保障作用。一是进一步扩大公积金覆盖面。针对我区的特点，因地制宜，探索建立合理的操作办法，力争把住房公积金制度覆盖范围逐步扩大到包括在城市有固定工作的农民工在内的城镇各类就业群体，支持这部分人群的住房消费能力。二是扩大住房公积金使用范围，除了通过享受住房公积金低息贷款购房以改善住房条件外，还可以把住房公积金的使用范围扩大到住房租金、物业管理费、维修、装修改造支出等相关住房消费。三是不断创新住房公积金贷款品种，在贷款条件、还款方式、贷款额度等方面放宽限制，尽可能简化手续，缩短办理时间，提高贷款效率。对于中低收入家庭首次购买以自住为主的一定面积以内的住房，实行低息、低首付、贴息政策。

（六）建立房地产开发预警监测系统，增强市场调控力度

建立全区房地产开发预警监测系统，根据居民收入水平、市场供求等经济因素，对住房的合理价格水平进行分析，采用经济合理房价、房价收入比等多种政策工具和分析指标，对房地产市场及住房价格的风险程度进行跟踪和预警，定期及时准确地发布反映房地产业运行状况的景气分析指数，使之成为经济决策系统的重要组成部分。

（杭栓柱、杨臣华、包思勤、曹永萍、吕清禄）

积极引导和规范鄂尔多斯市民间融资健康发展

——对鄂尔多斯市民间融资情况的专题调研报告

近年来，随着鄂尔多斯市经济的跨越式发展、民间财富的迅速积累，以及地区投融资结构的变化，民间融资已成为中小企业、个体工商户、农牧民重要融资渠道，为推动该地区民营经济发展和全民创业发挥着极其重要的作用。但是，这种融资形式基本上还处于民间自发状态，其组织机构、运作模式中蕴涵的问题和风险不容忽视。因此，必须对鄂尔多斯市民间融资进行积极的引导和合理的规范，以期民间融资为地区经济又好又快发展提供更为强大的动力和更为优质的服务。

一、鄂尔多斯市民间融资的现状和特点

（一）机构数量多，民间融资规模大

截至 2008 年 9 月，在鄂尔多斯工商局注册的投资公司 305 户，注册资本 145.7 亿元；担保公司 168 户，注册资本 13.4 亿元；委托寄卖商行 54 户，注册资本 0.13 亿元；典当企业 15 家，注册资本 2.3 亿元。上述机构总计 542 家，注册资金 161.53 亿元。此外，批准成立小额贷款公司 44 家，其中有 6 家开始运营。据有关部门和部分居民反映，实际上从事民间借贷活动，但没有正式办理工商注册手续的地下中介组织、机构、中介人，数量无法统计。据鄂尔多斯商务局走访估算，专门从事民间借贷的中介人约 1500 户。2008 年上半年，鄂尔多斯市民间融资总量 410 亿元，比 2007 年增长 52.99%，占同期金融机构本外币贷款总额的 71.65%，比 2007 年同比提高 18.4 个百分点。据我们初步调查估算，鄂尔多斯市民间借贷资金运作的总量大约在 300 亿~500 亿元，说明民间融资已成为该地区多元经济发展的重要支撑。

（二）民间融资参与主体多元化，借贷用途多样化

首先，民间融资参与主体多元化。据人民银行鄂尔多斯中心支行下发的 400 份面向居民的民间借贷情况调查问卷显示，195 人在 2007 年曾经与典当

行、投资公司、其他民间组织或个人发生过借款行为，占被调查人数的48.75%，可见民间借贷在居民生活中的深入程度。此外，企业特别是中小企业对民间融资的依赖不断增强。其次，资金用途从消费型向消费型与投资型并重转变。调查问卷表明目前民间借贷资金的投向已由原来解决上学、婚丧嫁娶、看病等消费性资金需求为主，转为经商办企业等生产经营性资金需求与消费性资金需求并重。民间融资机构贷出资金主要投向是房地产开发企业、煤炭企业、高载能企业、路桥工程的流动资金周转，以及汽车经销商、个体工商户如服装、百货、电脑经销商、餐饮业主短期资金周转。抽样调查显示，在农牧民借贷资金中，绝大多数依赖民间借贷，来自银行、信用社的贷款仅占33.3%，向银行、信用社借款的农户仅占26.9%。

（三）利率高、期限灵活、手续简便

据典型调查，融资机构吸收存款的利率为月息15‰~25‰，存款期限最短的1个月，最长的1年。发放贷款的利率视不同期限、不同额度而变化，一般为月息30‰~35‰。如果期限在半年以上1年以下、金额在500万元以上的，利率最低可降到25‰。在资金需求旺季，利率高达35‰~45‰，甚至达到50‰。民间融资的手续比较简便快捷，一般采取简单的书面协定，部分交易甚至为口头协定。部分大额交易需要采用担保和财产抵押，贷款额一般占抵押物的50%~70%，对中小企业有较大的吸引力。

（四）风险比较低

由于鄂尔多斯市经济的健康良性发展，鄂尔多斯市民间借贷违约率低，纠纷少，风险比较低。总体判断，鄂尔多斯市民间借贷在可控范围内。截至目前，鄂尔多斯市公安、工商等部门共查处这类案件9起（公安7起、工商2起）。从鄂尔多斯市人民法院了解到，2008年1~9月份，民间融资方面的案件仅8件，占全院立案案件总量的不到1%。

（五）鄂尔多斯民间融资趋于理性

无论是自发进行的民间融资还是依托中介机构、中介人进行的民间融资都表现出依据经济景气程度调整的特点。据调查，近期随着国际金融危机的加剧和国内经济增速趋缓，鄂尔多斯地区民间融资呈收缩态势。2008年9月，鄂尔多斯市居民储蓄存款同比增长38.3%，增幅同比提高30.2个百分点。表明一部分民间借贷资金退出地下民间融资市场，回归正规金融体系。

二、鄂尔多斯市民间融资的主要作用

鄂尔多斯市活跃的民间融资活动在缓解正规金融体系信贷资金压力、分

散金融风险、拓宽社会融资渠道、优化经济结构、缓解就业压力、支持鄂尔多斯地方经济发展等方面发挥了积极作用。一定程度上可以说，没有民间借贷就没有鄂尔多斯市民营经济的快速发展，也就没有所谓的"鄂尔多斯现象"。

（一）有利于该地区资金配置效率的提高

民间融资的存在弥补了正规金融机构的不足，促进了该地区融资市场化。民间融资完全按照市场化原则对资金进行定价，并以此使资金流向效率更高的部门、行业及企业，提高了该地区储蓄—投资的转化效率。一定程度上缓解了资金供需矛盾。据了解，过去鄂尔多斯地区企业因资金短缺而停产、半停产的现象时有发生。现在因资金缺乏停产、停业的现象大幅度减少。其中，民间融资发挥了积极的作用。民间借贷成了银行资金供给的重要补充，大大缓减银行放贷的压力，并起到了支持创业投资的作用。

（二）民间融资有力推进了非公经济的快速增长

目前，非公有制经济已成为鄂尔多斯市经济发展的主导力量。非公有制经济的规模扩张、实力增强对于促进鄂尔多斯市整体经济持续快速发展发挥着显著作用。在该地区民营经济主体中，仅有15.9%的中小企业能获得正规金融机构信贷支持，其余资金需依靠企业自有资金和民间融资来解决。民间借贷手续简便，投向灵活，能更好解决信息不对称而引起的融资难问题，近几年对鄂尔多斯市解决中小企业融资难问题起到很大作用。

（三）支持产业升级和加快城市化进程

民间借贷资金对鄂尔多斯市的房地产发展和煤矿技改起到重要的资金支持作用。粗略估算，鄂尔多斯市民间借贷30%左右的资金流向房地产，另外50%的资金流向煤炭开采行业。从2005年开始，鄂尔多斯市全面推开了地方煤矿整合技改三年攻坚战，煤矿数量从552家压缩到现在的200多家，目前已累计投入资金300多亿元，其中相当一部分资金来源于民间借贷。

（四）一定程度上起到了企业孵化器的作用

在鄂尔多斯地区，相当数量的企业是以类似私募的方式筹集资金并创立的。对于处于成长阶段的中小企业、民营企业，正是活跃的民间融资满足了其资金需求。鄂尔多斯民间融资承接了大部分中小企业、民营企业在成长之初的融资风险，是真正意义上的企业孵化器。

（五）民间融资促进了民间财富的积累和就业状况的改善

民间融资的发展，扭转了长期以来居民投资渠道单一，高度依赖于银行储蓄的局面，居民投资出现了多样化选择。民间融资增加了居民的投资渠道，增加了其财产性收入，为当地居民收入增长做出了直接贡献，加速了民间财富积累的速度。民间融资通过支持中小企业的发展和部分创业者创业，间接地支持了本地区的劳动就业和农村劳动力转移。

（六）民间借贷市场间接推动了银行业经营能力的提升

鄂尔多斯民间融资的发展在一定程度上对正规金融体系形成了压力。为争取居民闲置资金和企业流动资金融入正规金融市场体系，银行业金融机构必须不断创新适应市场需要的金融产品，完善信贷制度，优化贷款流程，提高信贷管理效率，以适应企业需求和经济形势的变化。民间借贷市场的存在，有利于促动银行业致力于提升经营能力和服务水平。

三、鄂尔多斯市民间融资形成一定规模的背景因素分析

鄂尔多斯市民间借贷投资活跃，存在着一定的现实需求和客观必然性，主要有以下几个方面的原因：

（一）民间资本的聚集和强烈的投资意识造就了民间融资的繁荣

随着鄂尔多斯市经济的迅速发展，居民的生活水平和个人收入有了显著提高，传统生产经营方式加速转变。2007 年全市人均 GDP 已突破 1 万美元，2008 年达到 1.45 万美元，排名全国第四位；人均财政收入以及城镇居民可支配收入均居自治区前列，地方经济综合实力跃居全国百强城市第 28 位。城乡一体化进程迅速推进，城市化率达到 65%。投资环境和投资领域的不断改善和拓宽，使城镇居民的投资理念发生了根本变化。居民在没有较好的投资项目选择的情况下，受高利率的驱使，将资金投入民间融资组织。在鄂尔多斯，一个典型的实例是社会巨富越来越多，一些较早从事个体经营和创办企业而先富起来的居民，已经积累了相当规模的资金。在 2007 年胡润中国百富榜中，内蒙古上榜 11 人，其中 8 人为鄂尔多斯市人。他们在资金积累后，使大额资金游离于经济实体之外进入民间市场，成为巨额的食利阶层。这些资金为民间融资的进一步扩张提供了充足的资金来源。另外，随着国家宏观调控政策的实施，民间融资力度的加大，一定程度上分流了储蓄资金。

（二）广泛的金融需求与信贷决策制度缺陷促进了民间融资扩张

地方经济的快速增长，民间剩余资本的膨胀产生了巨大金融需求，然而当地的金融体系并不发达。截至 2008 年 6 月末，鄂尔多斯全辖区金融机构总数 527 个，其中四家国有商业银行辖内分支机构 156 个，占全市机构总数的 29.69%。地方法人分支机构 242 个，占 45.9%。目前，鄂尔多斯还没有外资银行分支机构、财务公司、金融租赁公司等银行业金融机构，除了股份制银

行和农信社、城市商业银行外再也找不到其他正规的融资渠道，并且银行贷款手续繁杂、审批时间长、担保条件高，一般的民营企业或个人根本难以得到正规金融贷款。加之，旗县金融机构布局的不合理，信贷供给在县域经济发展中萎缩，在产业配置中畸形，在区域配置中失衡。银行业与企业所有制结构不匹配，大量民营中小企业没有相应的民营银行为之服务，不得不支付高于银行2～3倍的利息从民间融资。

专业化的小额信贷组织贷款供给缺位，加剧了民营企业及农牧户对民间借贷的依赖程度。在小额信贷市场上，农村信用社是提供金融服务的主要机构，但从农村信用社的经营状况来看，由于存在政策体制等制度约束，以及网点布局、资金实力、管理能力等诸多因素的制约，提供小额信贷服务还没有充足的能力。内蒙古融丰小额信贷有限公司是鄂尔多斯试点成立的具有专业化性质的小额信贷组织，在两年的运营中，注册资本金已由5000万元扩展到1亿元。其覆盖面主要为东胜区农户、个体工商户和小企业，截至2008年6月末，已累计发放贷款2.49亿元，其中，个体工商户贷款1.77亿元，占全部贷款的71.5%。融丰小额贷款公司的成立，极大地支持了个体私营经济的发展。但这样专业化的小额信贷组织由于机构以及资金规模的现实缺位，远远不能满足中小企业以及个体工商户的资金需要。

（三）迅速发展的产业需求

从民间借贷资金分布看，当前鄂尔多斯民间借贷主要集中在东胜、准格尔旗、伊旗这三个经济相对发达的地区，集中在有大量中小企业民间资金聚集的房地产、煤炭等行业。近三年鄂尔多斯房地产业以年均2～3倍的增长速度迅速发展，统计资料显示，截至2008年6月末，鄂尔多斯房地产企业达283家，施工面积达771.4万平方米，同比增长61%，房地产开发投资60.3亿元，同比增长101.8%。据调查，其投资资金来源的70%左右来自于民间借贷。此外，房价持续上涨，2008年6月末商品房均价已达到3260元/平方米，已经远远超过自治区平均水平。由于房地产有可观的利润空间，因此，大部分企业及居民将闲置资金投资到房地产行业。更主要的原因是，由于房地产的市场前景远大，但流动资金不足，房地产商为了扩大规模，通过民间融资来进行生产。

在这个典型的资源型地区，宏观经济波动的直接反映是煤炭、电力、房地产价格的巨幅变动。价格的变动会直接带动利润的直线上升，这也是直接吸引大量民间资金投入的重要因素。近年来煤炭价格进入又一轮的上涨期，据调查，鄂尔多斯煤炭坑口价格由2003年的50元/吨，上涨到2008年的350

元/吨，涨幅达 600%。据相关人士测算，一般中小煤矿吨煤成本仅在 50 ~ 80 元之间，而利润率高达 6 倍，如此高的利润使民间资金迅速进入煤炭等行业。持续数年的煤价井喷使鄂尔多斯经济步入繁荣阶段，大量的财富在民间聚集，形成了经济快速发展的巨大支撑。

（四）非公有制经济的生存与发展催生了民间金融

近年来鄂尔多斯市不断深化改革，进一步放开了市场，放宽非公有制经济准入范围，非公有制经济快速发展。鄂尔多斯市统计局经济普查数据显示，2007 年底鄂尔多斯市个体工商户为 9.26 万户，私营企业为 7164 家，分别比 2000 年增长 184% 和 300.9%。2008 年上半年全市规模以上非公有制工业企业实现增加值 300.7 亿元，较上年同期增长 70%，增加值占全部规模以上工业企业的 92%；非公有制经济完成固定资产投资 279.8 亿元，较上年同期增长 67%，占全市固定资产投资的 65%；个体经济市场总成交额和税收均占全市五成以上，个私经济在城乡分布面十分广大，其存在和发展必然要求有与之相适应的民间信贷机制为其提供资金服务，民间融资作为一种方便快捷的直接融资方式，逐渐成为支撑其发展的重要力量。

（五）民间融资的优势对资金供需双方、民间融资机构及中介人都有吸引力

首先，民间融资利率对资金供给者具有吸引力。目前，金融机构居民储蓄存款 1 年期的利率为 3.6%，考虑通货膨胀因素，存款的实际利率有时为负利率。民间借贷利率月息一般超出银行存款利率的 4 ~ 6 倍，对普通居民有较强的吸引力。其次，民间借贷手续简便，效率高，适应了市场瞬息万变的要求，对资金需求者具有吸引力。一些私营企业、商贸企业、各种小商品经营专业户，在经营过程中对资金短期周转需求较为强烈，而正常情况下从银行取得贷款较慢，因此转向民间融资，可以说，快捷的资金获取方式弥补了借款高利率所带来的高成本。最后，民间融资供需两旺的局面、丰厚的利润吸引典当行等机构和民间融资中介人参与其中，成为民间融资市场的组织者。

四、鄂尔多斯市民间融资中存在的问题

由于民间借贷投资不属于正规金融体制范围，游离于国家有关机关批准设立的金融机构之外，尤其是可能涉嫌违规吸纳投资人资金的，会扰乱正常的金融秩序，甚至引发安全隐患。概括来看，鄂尔多斯市民间借贷存在以下问题：

（一）依托中介进行的民间融资是否合法难以定性

依托中介进行的民间融资在总量中占比较大。这部分民间融资在法律上定性较难。鄂尔多斯的这种民间融资行为是否为非法集资，抑或是否属于地下钱庄很难界定。如要认定合法，又有向公众吸收存款的嫌疑。如要认定非法吸收公众存款存在两个难点：一是是否针对不特定公众。鄂尔多斯民间融资主要是亲戚朋友之间进行，每个资金融出者、融入者都有特定的交易对象范围，市场半径有限。二是是否为借贷关系。在调查中，大部分资金融出者认为自己进行投资，而不是借贷。此外，尽管国务院已明确由银监会负责对非法集资的认定、查处和取缔及相关的组织协调工作，但对于社会集资如何审批、审批标准以及对非法集资的认定的依据等问题，尚没有从法律层面加以解决。与此相联系，对于地下钱庄的认定也缺乏可操作的标准。

（二）行业投资相对集中，潜在风险较大

统计资料显示，截至2008年9月末，鄂尔多斯房地产企业达283家，施工面积达1011万平方米，同比增长47.7%，房地产开发投资125.8亿元，同比增长90.6%。据调查，其投资资金来源的50%左右来自于民间借贷。近年，鄂尔多斯地区房价持续上涨，2008年6月末商品住宅均价已达到3260元/平方米。房地产业是较为典型的周期性行业，在经济下滑期存在较大风险。在波动的经济周期中，资金链一旦断裂，极有可能出现连锁反应，波及地区金融秩序的稳定。

（三）监管缺失

目前鄂尔多斯市民间借贷机构处于监管失控的状态，由多个部门登记管理，且这些部门仅履行市场准入管理，业务合规性监管的力度和深度不足。管理体制没有理顺，机构审批后，相关单位监管跟不上，致使有些机构超范围经营。如商务部门承担对典当行的监管职责，因典当行属特殊行业，其设立还需得到公安部门的批准；投资公司只需在工商部门注册登记，其业务运营没有管理部门；担保公司由经济管理委员会管理，委托寄卖行属特种行业，设立需经公安部门的批准后到工商局注册登记，也缺乏真正的管理部门。民间融资加重了货币管理监管部门维护稳定的压力。民间融资大多具有自发性和隐蔽性，缺乏合法的组织管理机构，其经营活动和收益游离于国家的监督管理之外，因而很容易引发债务纠纷，也极易形成非法集资，增加社会不稳定因素。货币管理监管部门承担着维护金融稳定的重任，民间融资所引发的社会问题必然影响和牵动正规金融的发展，最终将对货币政策产生影响，从而加重货币管理监管部门维护金融稳定的压力。

（四）税收流失

首先，目前税务部门对从事民间融资的机构主要采取定额征收的管理办法进行征收，按照这种办法税务机关只能收缴已在工商部门注册的公司的税款。对一些虽然从事民间融资但未在工商部门注册的机构、个人则无法征收，造成税收流失。其次，一些机构在许可经营范围之外从事民间融资活动，其借贷行为具有隐蔽性，形成实质上的偷税。最后，税务机关难以根据民间融资的业务量准确核定税额。

五、引导和规范鄂尔多斯市民间融资健康发展的几点建议

（一）严格监督管理，推动民间借贷正规化运作

要高度重视民间资本的安全运作问题，运用法律手段治理和规范民间借贷市场，严格民间借贷业务注册登记，严格监督管理，严格业务程序，推动民间借贷正规化运作。要依法严厉打击各种金融违法犯罪行为，坚决取缔未经相关监管部门批准，非法设立典当行等金融机构或非法从事金融业务活动，切实维护金融稳定和社会稳定。

学习借鉴发达地区规范民间资本的成功经验，变"地下操作"为"地上经营"，变"零散运作"为"规模经营"，变"自然人之间借贷"为"自然人与法人之间、法人与法人之间借贷"，切实提高民间资本的组织化、法制化程度。坚持谁批准、谁管理、谁负责的原则，对典当、担保、投资公司、委托寄卖行等非金融机构实行严格监督。明确典当行、投资公司、委托寄卖行的主管部门，并由其负责监督上述机构的业务，并承担相应责任。

建立对民间借贷的实时监控。开展风险监测分析，及时准确掌握全市民间借贷的基本情况和可能存在的风险隐患。对可能涉及民间借贷的机构或个人进行更细致的调查和风险排查，切实防范民间借贷可能出现的系统性风险。

（二）加快培育中小金融机构，为民间资本提供投资渠道

首先，对符合基本条件申报小额贷款公司的，给予快速审批，扩大小额贷款的数量。有关部门要在监管上给予技术帮助和人力支持，加强对小额贷款的培训和指导，促进全市小额贷款公司规范健康发展。贷款公司的股东有特定人数限制，发放贷款的资金来源仅限于股东自有资金。运作较为规范的贷款公司，可向一家金融机构申请批发资金，但不得吸收公众存款。其次，大力发展投资公司或私募基金，允许其做贷款业务及各类投资业务，包括股权投资、债权投资和证券投资，可向有较强风险承受能力的特定群体募集一定金额以上（如50万元以上）的基金。最后，引导民间资本组建商业性担保

机构，通过发展真正意义上的担保业务，实现资本的增值。

（三）改组改造非金融机构，加快民营银行建设步伐

合理引导民间资金转化为资本，组建民营银行。这里所说的民营银行，指的是由私人资本出资、控股、经营的银行，既包括银监委批准试点的村镇银行，也包括在城镇设立为社区微小企业、个体工商户服务的社区银行。对民营银行的设立可以进一步放宽准入条件，取消村镇银行或社区银行设立必须有一家法人银行成为出资人的这一硬性规定。防范民营银行的风险可以从提高注册资本金，建立存款保险制度着手。要在民营银行先进行存款保险试点，银行都实行存款保险制度后，对民营银行要提高存款保险额度（如对等额的存款，大型银行缴存一份保险，民营银行可缴存两份保险），切实保证存款人的利益。民营银行可利用其特殊的经营模式（大量客户经理利用本身的人际关系和亲和力随时掌握客户的生产经营状况和诚信度），符合个私经济分散、跨越行业多、经营变化快等经营特点，较容易克服信息不对称导致高昂交易成本和风险的问题的优点，来补充大中型银行服务不足和空白。对民营银行要建立有效的进入和退出机制，建立严格的监管条例或办法，让符合条件的银行进来，使经营不善的倒闭或者被兼并，这样才能使民营银行健康发展。例如制定严格的出资人和高层经营管理人员资信标准，设立档案并定期审查，防止资信不良、有劣迹和黑社会背景的人员进入银行业；严格审查和禁止股东的过多分红和抽逃资本金情况，防止因银行股东的利益冲动而引致银行短期行为；设置资本金分类标准，限制地方性银行的业务范围和活动地域范围等等。

（四）尽快批准鄂尔多斯市成为内蒙古自治区金融综合改革试验区

加快鄂尔多斯市的金融改革和发展，通过金融的发展促进全市经济的更快发展和金融稳定，全面系统解决鄂尔多斯市民间借贷问题。鼓励金融机构在鄂尔多斯市设立分支机构。加快审批程序，使更多的金融机构来鄂尔多斯市设立分支机构，帮助鄂尔多斯市扩大金融总量。协调各金融机构总行，加大对鄂尔多斯市的信贷支持力度，加大鄂尔多斯市的资金投放。

加快制定出台《放贷人条例》，使"民间借贷阳光化"在国家立法层面得到确认。尽快就民间金融、借贷、投资等行为进行明确的法律界定和司法解释，对直接投资开辟多种合法渠道，对存在于民间的个人投资、私募与非法金融予以合理鉴定，在禁入和合法间寻求合理的结合点。

（包思勤、高鸿雁、付东梅）

当前内蒙古煤电产业发展形势
分析及政策建议

受国际金融危机及国内经济下行压力的影响，从 2008 年四季度开始，我区煤电产业出现了产量下滑、增速回落、价格波动、需求减少的局面，2009 年以来，在自治区启动一系列"保增长、扩内需、调结构"等促进经济社会平稳较快增长的具体措施后，我区煤电生产大幅下滑的势头得以遏制，煤炭产销形势渐趋好转，电力生产小幅回升，外送电量持续增长。当前，国际金融危机还没有根本性改变，对实体经济的负面影响仍在扩散和蔓延，面对复杂多变的经济形势，当务之急，我区煤电产业要努力开拓市场，扩大需求，加强行业管理，加快自身发展步伐，从而能更好地为自治区经济做出贡献。

一、当前煤电产业运行情况分析

（一）煤炭产量稳中有升，各月增速波动平缓

2009 年 1～5 月份全区原煤产量完成 22753.22 万吨，同比增加 5601.59 万吨，增长 32.66%，增速较去年同期提高 12 个百分点。从各月情况来看，原煤产量继 2008 年产生较大波动，2008 年四季度出现低谷后，于 2009 年初已开始明显回升，且各月产量稳中有升，增长速度趋于平缓。

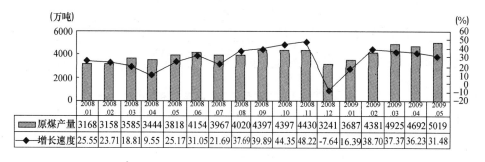

（万吨）	2008.01	2008.02	2008.03	2008.04	2008.05	2008.06	2008.07	2008.08	2008.09	2008.10	2008.11	2008.12	2009.01	2009.02	2009.03	2009.04	2009.05
原煤产量	3168	3158	3585	3444	3818	4154	3967	4020	4397	4397	4430	3241	3687	4381	4925	4692	5019
增长速度	25.55	23.71	18.81	9.55	25.17	31.05	21.69	37.69	39.89	44.35	48.22	-7.64	16.39	38.70	37.37	36.23	31.48

图 1   2008～2009 年内蒙古各月原煤产量及增长速度

（二）煤炭价格止跌回升，继续保持稳定运行

2009年一季度，受国内煤炭进口增加、出口减少以及煤炭库存高位运行影响，我区煤炭价格尽管比上年同期有所提高，但逐月仍然持续下降，降幅逐月有所减小，环比降幅分别为11.32%、4.22%、2.91%。4月份以来，随着经济逐步回暖，加之国内主要产煤省区煤矿限产保价影响，煤炭供给总量有所控制，致使煤炭价格止跌趋稳。5月份，煤炭价格稳中有涨，全区煤炭主产地动力煤坑口平均价格为245.49元/吨，比4月份上涨7.02%，比去年同期上涨10.63%。近期国际煤价开始持续回升，截至6月5日，南非理查德港RBindex、澳大利亚纽卡斯尔港NEWCindex、丹麦ARA港DesARAindex等三大国际煤价实现3周连续上涨，累计涨幅分别达8.6%、17.3%和12.1%，加大我国煤炭进口压力，从而进一步对我区煤价保持稳定提供支撑。

（三）电力生产增势不强，发电量增幅逐月收窄

2009年以来，电力形势有所好转，但生产增势不强，1～5月份，全区累计完成发电量866.96亿千瓦时，较去年同期增长仅5.3%，增速回落11.8个百分点。从各月发电量情况来看，继2008年9月全区发电量逐月下滑、增速急剧减少、后两月出现负增长以后，2009年初发电量增长扭负为正，但增势不强，呈逐月小幅回升态势，其中，2月份发电量增速最高，较上年同期增加9.47%；3月份单月发电量最高，达180.8亿千瓦时；4月份之后，发电量小幅波动，增幅逐步收窄。

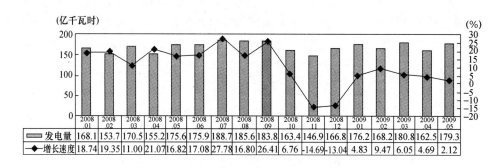

图2　2008～2009年内蒙古各月发电量及增速

（四）用电量进一步回升，同比降幅逐月减小

当前，我区宏观经济回暖明显，工业生产总体呈逐月回升势头。2009年1～5月，全区规模以上工业企业完成增加值1453.42亿元，与去年同期相比

增长 19.6%，高于全国平均增速 13.3 个百分点。工业经济回暖带动工业用电量逐月呈上升态势，较去年同期水平降幅明显减少。1～5 月份全区全社会用电量 457.75 亿千瓦时，同比下降 14.04%，降幅比上年同期回落 37.19 个百分点，比上月累计回升 1.26 个百分点；全区工业用电量 399.39 亿千瓦时，同比下降 17.23%，降幅较上月累计回升 1.25 个百分点。其中，重工业用电量 383.42 亿千瓦时，同比下降 17.49%，降幅较上月累计回升 1.14 个百分点。

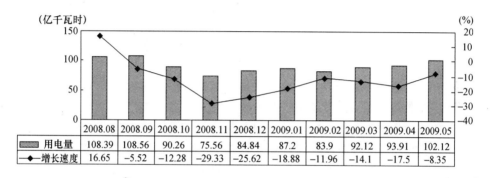

	2008.08	2008.09	2008.10	2008.11	2008.12	2009.01	2009.02	2009.03	2009.04	2009.05
用电量	108.39	108.56	90.26	75.56	84.84	87.2	83.9	92.12	93.91	102.12
增长速度	16.65	-5.52	-12.28	-29.33	-25.62	-18.88	-11.96	-14.1	-17.5	-8.35

图 3　2008 年 8～12 月至 2009 年 1～5 月内蒙古用电量及增速

（五）工业用电价格逐月保持稳定，较去年同期有所上涨

2009 年 1～5 月份，全区工业用电价格逐月保持稳定。呼和浩特市等中西部八盟市普通工业用电（35 千伏以上）价格为 0.5103 元/千瓦时，东四盟市普通工业用电（35 千伏以上）价格为 0.69 元/千瓦时，与去年同期相比，中西部八盟市普通工业用电价格上涨 7.89%，东四盟市普通工业用电价格上涨 6.98%。相对于普通工业用电，大工业用电也保持稳定，1～5 月，中西部八盟市大工业用电（35～110 千伏）电度电价为 0.415 元/千瓦时，东四盟市大工业用电（35～110 千伏）电度电价为 0.445 元/千瓦时，与去年同期相比，中西部八盟市大工业用电（35～110 千伏）电度电价上涨 4.09%，东四盟市大工业用电（35～110 千伏）电度电价上涨 3.25%。

（六）煤电外送能力进一步提高，外送比例逐步扩大

2009 年 1～5 月份，自治区送出煤炭 14562 万吨，其中铁路出区量 13469.85 万吨，公路出区量 1092.15 万吨，占全区销售煤炭总量高达 65%，较 1～4 月累计提高 11 个百分点。外送电量持续增长，前 5 个月，全区累计送出区外电量 367.11 亿千瓦时，同比增长 14.20%。其中，送华北电网 259.94

亿千瓦时，同比增长 11.28%，较 1～4 月累计增长 30.4%；送东北电网 105.15 亿千瓦时，同比增长 20.31%，较 1～4 月累计增长 25.2%。

二、对当前自治区煤电产业发展趋势预测

（一）煤炭总量过剩压力仍然存在，煤炭需求将有所放缓

受国际金融危机影响，2009 年以来，我国宏观经济增速整体趋缓，工业经济运行虽有回暖迹象但增势不强，1～5 月，全国及内蒙古工业增加值累计增长速度分别为 6.3% 和 19.6%，较去年同期分别回落了 10 个百分点和 8.4 个百分点。工业经济未来走势仍有诸多不确定性，库存积压的问题没有明显改善，工业品出厂价格继续下行，国内及区内主要用煤行业需求回升速度缓慢，同时考虑到煤炭在建规模大、矿井技改、扩建、企业重组后增产潜力大，铁路扩能改造后运能增大，煤炭社会库存增加，可再生能源、新能源发展迅速、国家推进节能工作力度加大等原因，煤炭过剩压力将继续加大。全年来看，煤炭行业长期看好，短期受阻的总趋势不变，二季度受下游行业产能过剩、需求回升速度缓慢和煤炭行业产能过剩影响，我区煤炭市场总体处于下行区间。三季度随着国家四万亿元投资项目的实施、国家新的经济刺激政策的陆续出台和自治区一系列调控政策的对接，加上夏季用电高峰的到来，煤炭总需求将比上半年明显增加，煤炭市场或将提前回暖。预计 2009 年我区煤炭市场走势将呈现去库存化的斜向上的"W"形态。

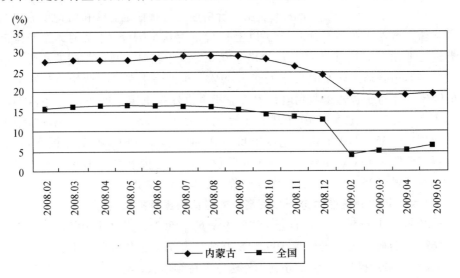

图 4 2008 年 2～12 月至 2009 年 2～5 月全国及内蒙古工业增加值累计增速比较

（二）煤炭产量增长平缓，年内不会大幅波动

2009 年，按照自治区控制产能、稳定产量、扩大外送、改善结构的战略部署，我区将进一步提升煤炭产业发展水平，建设大型煤炭基地，稳步推进关停小煤矿工作，同时，煤炭企业出于对经济下滑的预期，以及煤炭需求增速下降、煤炭价格回落等因素考虑，将放慢产量扩展步伐，煤炭产量增幅趋于平缓，产量不会大幅波动。

（三）煤炭价格以稳定为主，年内将有所上涨

从长期看，我国经济仍会保持一个较快的增长速度，能源价格将是上升的趋势，对能源的需求在相当长的时期还会持续增加，能源供应的硬约束不会改变，供需矛盾在一定情况下会更加尖锐。从短期看，煤炭库存处于高位，而下游需求表现较弱，市场面临较大的库存压力，煤炭价格将在平稳中小幅波动。随着下游需求恢复，煤矿的产能利用率将逐渐有所提高，但供给相对宽松的态势不会改变，这就决定了煤炭价格将以稳定为主。考虑到年内增值税、可持续发展基金开征等因素，将使煤炭成本每吨增加 50 ~ 70 元，因此预计 2009 年煤炭价格完全市场化后，合同煤价格将有所上涨。

（四）电力需求增速平缓，电力供应能力逐步增强

从工业生产和工业用电情况来看，工业用电量占全社会用电量的比例超过 70%，工业用电量的波动是电力需求波动的主要原因，考虑到我区工业对外部需求依赖性较强，在全国经济下行压力依然存在、工业增速持续放缓、停产半停产企业增多的情况下，用电需求增速平缓，与此同时，自治区工业经济和主要产品产量增速也将趋于平缓，都将影响到区内的用电需求。2009年，全区工业用电增速将低于 2008 年，电力需求增速将进一步回落。目前，随着前几年投资形成的生产能力陆续投产，电力供应能力将逐步增强，电力供需形势将进一步缓和，发电机组利用率有可能下降。

三、促进煤电产业健康快速发展的对策建议

（一）兼并联合，规模经营，提高煤炭企业抗风险能力

目前，我区煤炭企业平均规模不到 100 万吨/年，产业集中度不高，生产规模明显偏小，企业发展后劲不强，建议我区利用当前煤炭市场不很景气的时机，加大对我区煤炭工业结构调整力度，全面推进煤炭企业重组，以多种方式组建 3 ~ 4 家亿吨级跨盟市、跨行业、跨所有制的大型地方煤炭企业集团，鼓励煤电、煤钢、煤焦化工等一体化经营，以提高煤炭产业集中度，进一步提升煤炭行业的整体抗风险能力和竞争实力，提高我区在全国煤炭工业

市场上的影响力与话语权。

（二）加强煤炭流通管理，争取建立国家级煤炭交易中心

我区虽为煤炭大省，但缺少有权威的集中交易机构，造成煤炭交易市场分散、交易环节混乱，建议自治区政府改革煤炭流通管理体制，加强对煤炭流通的统一管理，尽早建设国家级煤炭交易中心，提高对煤炭产业的宏观调控能力。

（三）全力开拓区外电力市场，解决电网内大量装机盈余问题

全力开拓区外电力市场，开辟外送通道，解决电网内大量装机盈余问题。积极协调国家发展改革委、国家电网公司等部门和单位，大力开拓山东、华东和华中地区电力市场，并及时启动内蒙古电网第三、第四电力外送通道建设，增强网对网外送能力。推广应用节能技术，逐步淘汰高耗能和陈旧设备，提高电网安全经济运行水平，逐步实现电网运行现代化、信息化、数字化管理。

（四）加强和改进煤电行业管理，有效引导煤电产业健康发展

建议我区能源行业主管部门组织建立煤电信息系统，及时掌握电力、煤炭、石油、天然气、新能源发展变化的最新情况，为煤电发展改革决策提供支撑，对煤电供需平衡状况及发展趋势做出预测，并针对已存在的问题采取应对措施，防止出现量增、价跌、收益减少的被动局面，集中精力保收益、调结构、上水平，有效引导煤电产业健康稳定发展。同时加快制定行业标准，做好行业标准制定（修订）规划、年度计划。组织发布适应性强、行业发展亟须的标准，开展煤电行业标准应用情况的监督检查和跟踪评价工作。

（杨臣华、包思勤、毕力格、高鸿雁）

关于我区牧民收入问题的
调查与思考

近年来，随着中央"三农"工作力度的加大，"三牧"问题也受到了社会各界人士的广泛关注。我区 2009 年政府工作报告作出"高度关注并认真解决好牧民的生产生活问题，采取有效措施促进牧民收入的增长"的指示。为了更好地贯彻自治区政府工作报告精神，深入了解牧民收入情况，促进牧民增收，自治区发展研究中心组织调研组，对部分盟市旗县进行了典型调查，现将调研情况和相应思考报告如下。

一、我区牧民收入增长速度呈现放缓的特征

"十五"以来，我区经济进入快速发展时期，连续 7 年保持全国第一。从表 1 看，全区地区生产总值、财政收入、人均生产总值"十五"期间分别年均增长 17.12%、24.58%、13.8%，快于"九五"时期 6.06、10.67、4.98个百分点。而牧民纯收入"十五"期间年均增长 2.85%，低于"九五"时期6.38 个百分点，增速明显放缓。2006～2008 年，我区经济仍保持高位增长，全区地区生产总值、财政收入、人均生产总值年均增长 19.55%、20.97%、13.19%，分别高于牧民年均纯收入增速 11.22、12.64、4.86 个百分点，全区地区生产总值、财政收入与牧民纯收入的增速差距进一步拉大。

表 1　内蒙古牧民人均纯收入增长率与部分经济指标对比　　　　单位:%

	GDP	财政收入	人均 GDP	牧民收入
1996～2000 年	11.06	13.91	8.82	9.23
2001～2005 年	17.12	24.58	13.80	2.85
2006～2008 年	19.55	20.97	13.19	8.33

从全区城乡居民收入年均增速对比看（见表 2），"九五"期间我区城镇居民、农民和牧民收入分别增长 9.59%、7.25% 和 9.23%，牧民收入增速低于城镇居民 0.26 个百分点，高出农民 1.98 个百分点。"十五"期间，城镇居

民、农民和牧民收入分别增长 11.13%、7.91% 和 5.38%，牧民收入增速明显下滑，低于农民 2.53 个百分点，不到城镇居民的一半。"十一五"以来，随着中央和自治区惠农惠牧政策力度的加大，牧民纯收入年均增长 8.33%，速度明显快于"十五"时期，但仍低于城镇居民和农民 3.93、3.83 个百分点。2008 年，城镇居民人均可支配收入与牧民人均纯收入差距由 2003 年的 3811.9 元扩大到 8226.7 元。

与全国相比（见表2），全国农民年人均纯收入增长速度"九五"时期为 4.73%，"十五"时期为 5.26%，2006～2008 年上升到 8.49%，一直保持持续加快的态势，"十五"时期增长速度已超出我区牧民增收速度。

表2　内蒙古牧民年人均收入增长率与城镇居民和农民对比　　单位:%

	城镇居民可支配收入	农牧民纯收入		
		农民	牧民	全国农民
1996～2000 年	9.59	7.25	9.23	4.73
2001～2005 年	10.39	5.70	2.85	5.26
2006～2008 年	12.26	12.16	8.33	8.49

二、我区牧民增收面临的主要问题

（一）我区牧民收入渠道单一，畜牧业仍是牧民收入的主体

畜牧业是牧民家庭的支柱产业。统计数据显示，畜牧业收入在牧民总收入中占 75% 以上，在家庭经营总收入中占 80% 以上，畜牧业为主的第一产业是牧民收入的主体。2007 年，牧民家庭经营收入中的第二、三产业分别占 -0.25% 和 0.72%，比重很低，甚至是净支出。以苏尼特左旗为例，2008 年牧民第一产业的收入达 12130 元，占总收入的 87.3%；第二、三产业收入和工资性收入合计 709 元，占总收入的 5.1%。从常住牧区的单个牧户来看，所调研的 9 户中 6 个牧户的畜牧业或草场收入占全部收入的 95% 以上，其中 2 户达到 100%。

表3　我区牧业收入在牧民总收入和家庭经营收入中的比重

		2002 年	2003 年	2004 年	2005 年	2006 年	2007 年
	总收入（元）	5989	6572	7217	8994	9160	11388
	家庭经营收入（元）	5612	6171	6689	8241	8278	10314
牧业收入	绝对值（元）	4944	5506	5908	6738	6924	8621
	总收入中的比重（%）	82.56	83.78	81.86	74.92	75.59	75.70
	家庭经营收入中的比重（%）	88.10	89.23	88.32	81.76	83.65	83.58

（二）惠牧政策力度相对弱，转移性收入比重低

近年来，国家对"三农"的投入逐年加大，但是惠及牧业特别是惠及草原畜牧业的政策很少。国家和自治区对农业补贴除去技术性、风险性的间接补贴外，还增加了大量惠农直补和价格波动补贴，而畜牧业补贴中较大部分属于相关技术部门的间接补贴，如奶牛冻精补贴和疾病防治疫苗补助等，占补贴额的40%以上。中央在畜牧业方面重点关注的生猪、奶牛等牲畜的补贴政策，主要惠及农区畜牧业，而草原畜牧业基本享受不到。在四子王旗走访中发现，对农民的单项补贴有退耕还林补贴、粮食直补、农资综合补贴、良种补贴、农机具补贴、农业政策性保险补贴、奶牛补贴、能繁母猪保险补贴和生猪补贴等，而对牧民除了牧机补贴几乎没有其他任何生产性补贴政策。而牧机补贴范围又很有限，只有购买规定品牌牧业机械的牧户才能得到相应补助。2008年，四子王旗每个农民政策性补贴收入达到1228.5元，占人均纯收入的36.1%；而牧民政策性人均收入仅199元，占人均纯收入的4.1%。再如，四子王旗查干补力格镇白音嘎查，2008年只有少数几个牧户购买牧业机械得到相应补贴，大部分牧户生产性财政转移补贴为零。

（三）牧区剩余劳动力转移难，工资性收入水平低

牧民因语言、观念、文化等各种因素的阻隔，外出务工的人员很少。同时畜牧业的四季经营方式，使牧区无"牧闲"时节，季节性外出务工人员也自然比农区少了很多。从全国情况看，全国农民工资性收入比例逐年上升，接近40%，而我区农民和牧民工资性收入比例比较低，牧民工资性收入比例不足10%。

牧区劳动力转移难，草场流转就难，也减缓了牧区畜牧业规模效益的提升。例如，2008年末苏尼特左旗300只以上规模的牧户占总牧户的1/3，却集中了2/3的牲畜；其他2/3的牧户属于无畜户或少畜户，少畜户约占总户数的1/2（见表4）。目前，在牧区，一方面是推行草畜平衡制度，牧户养殖规模受到草场限制，大户无法扩大牲畜数量；另一方面是无畜户和少畜户劳动力又不能有效转移或转产，仍占据草场，草场仍处于家庭为单位的分割状态，阻碍了大草场、规模化经营、集约化发展。

表4　苏尼特左旗2008年牧户饲养规模统计表

	1501~2000只	1001~1500只	501~1000只	301~500只	201~300只	200只以下	无畜户
牧户数（个）	2	13	588	1059	737	1785	866
百分比（%）	0.04	0.26	11.64	20.97	14.59	35.35	17.15

（四）牧民收入增幅波动较大，中低收入牧民增收困难

1979～2007 年，牧民收入同比增长速度变化大于农民和城镇居民，城镇居民收入同比增长速度最为平稳（见图 1）。目前，牧区大部分地区仍粗放经营、靠天吃饭，年景好坏成为决定畜牧业经营效益的重要因素，也影响了牧民年收入的增减。我区大部分牧区严重缺水，自然灾害比较频繁，加之草原畜牧业抗灾能力较弱，导致牧民收入增幅不稳定，波动较大。

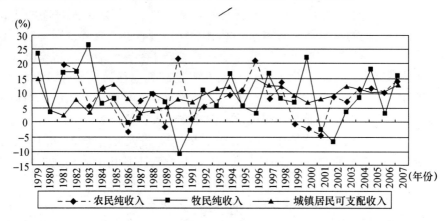

图1　内蒙古居民收入与上年同比增长速度变化

在牧区草畜承包以来，牲畜逐渐向部分少数牧户集中，一些地区 70% 的牲畜集中在 25% 的大牧户手中，以畜牧业为主要收入来源的 75% 的中小牧户，人均纯收入低于平均线，增收较困难。数据显示，苏尼特左旗特别是饲养规模 200 只（羊单位）以下的牧户和无畜户比例达到 52.4%，仅靠畜牧业和本地打零工只能维持较低的生活水准（见表4）。

（五）牧区生产生活支出较高，净收入相对低

首先，牧区大部分地区位于内陆，降水量少，加之草场面积较大，加大了围栏、饲草、棚圈、良种等生产性投入。数据显示，牧民家庭经营支出绝对数以及在总支出中的比重都高于农民。2002～2007 年，我区牧民人均家庭经营支出达到农民的 200% 以上，2002 年差距最大，达到 269%；牧民家庭经营支出在总支出中占 40% 以上，平均高出农民 6 个百分点（见表5）。干旱牧区生产性投入更多，比例更高。例如，苏尼特右旗乌日根塔拉镇额尔顿敖包嘎查道尔吉扎布家（富裕户），2008 年总收入为 15.5 万元，全部来自畜牧业，但是仅饲草支出就高达 9.75 万元，占总收入的 62.9%。

其次，牧区偏远内陆的地理位置和分散式居住方式，增加了水、电、暖、

路等设施的建设难度，增加了牧户生活成本。其中，水资源是影响牧区生产、生活的重要因素。特别是我区中西部地区的荒漠化、半荒漠化草原牧区年降水量200毫米以下，水资源严重短缺。因此不少牧户只能拉水、买水吃，并存放在户外水窖中。例如，苏尼特右旗乌日根塔拉镇额尔顿敖包嘎查的色仁敖都和都布新两家（中等户）没有自己的水井，人畜饮用水年支出高达5000元左右，加大了生活支出，并且储存在户外水窖中的水，存在严重的水安全隐患。

最后，农民总支出包括家庭经营和生活消费两项支出，牧民总支出除了家庭经营、生活消费外还包括其他非生产性支出。2007年仅其他非生产性支出牧民多出农民1218.5元，占总支出的10.2%。另外牧民生产、生活支出的"双高"。从总收支角度看，2003～2007年，只有2005年牧民家庭净收入为正数，其他四个年份均为负数，也就是年度内牧民总支出大于总收入。相反，同期农民家庭总支出都低于总收入。

表5 我区牧民、农民总收入、总支出及支出结构对比

年份	总收入（元）	总支出（元）	年人均支出						净收入
			家庭经营支出		生活消费支出		其他非生产性支出		
			绝对值（元）	比重（%）	绝对值（元）	比重（%）	绝对值（元）	比重（%）	
牧民 2003	6572.39	6764.17	2837.04	41.94	3333.50	49.28	237.28	3.51	-191.80
2004	7216.64	7575.46	3113.91	41.11	3781.20	49.91	273.68	3.61	-358.80
2005	8994.41	8843.59	4085.68	46.20	4005.50	45.29	329.10	3.72	150.80
2006	9159.71	9648.61	4088.13	42.37	4655.50	48.25	491.44	5.09	-488.90
2007	11387.69	11940.71	5235.18	43.84	5487.10	45.95	1218.49	10.20	-553.00
农民 2003	3470.89	3124.97	1055.22	33.77	1545.00	49.44	—	—	345.90
2004	4033.27	3606.35	1317.67	36.54	1832.50	50.81	—	—	426.90
2005	4872.38	4604.97	1825.09	39.63	2243.80	48.73	—	—	267.40
2006	5358.10	4941.14	1907.08	38.60	2522.60	51.05	—	—	417.00
2007	6187.18	5773.43	2144.67	37.15	2965.10	51.36	—	—	413.80

注：净收入 = 总收入 - 总支出

三、促进牧民增收的政策建议

（一）加强生态保护与建设，建立草原生态补偿机制

建立草原生态补偿机制，可以从长效制度上保障牧民收入，有利于引导

牧民转变草原畜牧业生产方式，实现牧区经济的持续发展。

（1）根据我区草原生态优劣将草原划分为生态草保护区和牧草放养区两大类，实行分类管理，明确草原生态补偿对象。在生态草保护区里实行严格的生态草保护措施，主要补偿对象第一类是直接对草原生态保护建设的补偿，第二类是对为保护草原生态环境而放弃或减缓地方经济发展及个人财富积累的牧区和牧民个人的补偿。在牧草放养区里严格控制牲畜总数量，对草地进行科学规划，实行科学放牧。主要补偿对象第一类是帮助牧民转变生产、生活方式的补偿；第二类是对促进草原牧区社会事业发展的补偿。

（2）草原生态补偿要向重点地区集中补偿。当前应着重对我区草原生态破坏严重区、生态脆弱区和生态关键区进行补偿，实施整个嘎查、整个苏木、整个区域的整体补偿政策，避免平均分散补偿。

（3）建立草原生态税费制度。按"受益者付费"、"污染者付费"原则，对在草原牧区消耗草原资源或对草原生态环境产生不良影响的生产、开发经营单位开征一般环境税及补偿性的污染排放税，征收的税金用于草原生态保护建设。

（4）制定草原生态补偿法。确立生态环境资源价值属性，界定环境行为界限和范围，规范不同层次环境决策。

（二）扩大惠牧补贴范围，建立促进牧民增收政策保障机制

加大财政向牧区倾斜的力度，逐步形成财政支牧资金稳定增长机制。

（1）建议国家出台畜牧业产品储备制度和最低保护价制度，建立包括肉类、奶业、绒毛等主要畜产品储备制度和最低保护价制度，使畜产品与农产品享受同等待遇，保证市场供给稳定，降低牧民收入的波动性。

（2）牧区经济总量和财政收入的规模都比较小，建议国家免除对牧区建设项目配套资金的政策。

（3）建议国家出台长期的退牧还草政策，扩大退牧还草工程建设的内容和实施范围，延长退牧还草饲料粮补助期，提高折现标准，提高围栏建设、重度退化草原补播草种费中央补助标准，并将人工饲料基地和舍饲棚圈、青贮窖等配套设施建设纳入补助范围。

（4）建立以直补为基础的牧民收入补偿制度。生产性补贴方面，根据牧业生产中的主要生产环节设置牧业补贴，应当对棚圈和青贮窖建设、人工种草、饲草料加工机械、畜种改良、柴油等关键生产环节和生产资料进行财政补贴；生活性补贴方面主要集中于水、电、住房及家用电器等生活设施方面，以满足牧民基本生活需求，提高生活品质。

另外，根据2008、2009年度我区已实施的农牧业各项补贴政策，在生产性补贴方面，建议对新建标准化棚圈每平方米补贴70%，其中中央财政补贴40%，自治区财政补贴30%；新建青贮窖自治区财政每立方米补贴50%；每公斤牧草种子自治区财政补贴50%；柴油按市价自治区财政每升补贴30%。饲草料加工机械和畜种改良方面，要在现有补贴基础上，继续扩大补贴品种，提高补贴额度。生活性补贴方面，对新建标准化住房，由自治区财政按每平方米成本价20%予以补贴；购置家用电器，结合国家家电下乡政策，在国家补贴基础上，自治区财政再补贴15%；对缺水地区牧民由当地财政按购买价格的40%给予补贴。

各牧业旗县在国家、自治区财政补贴基础上，根据自己所处区域、草原类型、草原面积、牲畜数量、畜牧业发展水平以及牧民人均收入等因素再综合确定本地财政补贴范围及标准。

（5）建议国家、自治区在牧区增加对肉牛、肉羊这两种草原主要畜牧品种的保险补贴。保费补贴比例：中央财政补贴40%，自治区财政补贴40%，养殖户承担20%。

（三）转变畜牧业发展方式，建立促进牧民增收长效机制

当前畜牧业仍是我区牧民收入主体，但牧区靠天养畜状况还没有根本改变，因此转变传统畜牧业生产经营方式是保证牧民收入稳定增长的基础。

（1）科学利用草场资源，不断推进规模化经营、科学化养殖。对生态条件较差区域及人均资源少的中小牧户，除生态保护项目外，不再安排其他建设项目，促使其转移就业或流转草场。地方政府通过引导扶持政策，鼓励牧民采用转让、转租、承包、互换、入股等多种形式进行草原合理流转，加速草牧场向种养能手集中，实行适度规模经营，探索建立庄园式生态牧场，重点推广联户经营模式，重点培育户均15000亩草牧场的现代牧场主，实现由"靠天养畜"向"规模养畜"、"集约养畜"发展。

（2）在牧业旗县全面实施畜牧业良种工程，在已有的畜牧良种补贴基础上，自治区财政应将肉牛、肉羊、细毛羊、绒山羊等优势畜种全面纳入直补范围，降低牧民生产性支出，加快畜牧品种改良步伐，提高牲畜个体生产性能。配套实施畜牧品种改良示范旗（县）项目，在牧业旗县建立层次分明的原种场、扩繁场、商品场相配套的畜牧品种改良体系，强化旗（县）、苏木（乡镇）畜牧改良技术服务体系建设，从根本上降低牧民牲畜改良成本。

（3）加快畜群周转，做大做强幼畜经济。根据市场价格，地方财政采用"以奖代投"方式，实施犊牛育肥、冬羔、早春羔出栏补贴奖励政策，加快当年羔和牛羊育肥出栏，提高牛羊商品率和市场占有率。

（四）加快生态移民步伐，建立促进牧民进城的转移机制

解决牧民增收缓慢问题必须跳出牧区、跳出畜牧业，加快牧民向城镇转移步伐，只有最大限度地减少牧区人口，才能相对增加牧区人均占有资源数量，为草场流转和联户经营创造条件，提高牧业劳动生产率，同时也为牧民增收开辟新渠道。

（1）加快牧业旗县城镇化、工业化步伐，把转移牧区人口与产业布局、城镇建设、工业项目用工统筹安排，纳入当地经济社会发展总体规划和新牧区建设规划。通过大力发展城镇第二、三产业，尤其是劳动密集型产业，引导鼓励企业吸纳牧区劳动力，对招用转移牧民并签订1年以上劳动合同的单位，按其实际招用人数，移出地旗（县）政府按每人每年1000元标准支付用人单位岗位补贴，岗位补贴期限为5年，同时当地税务部门要对用人单位实行一定额度的税费减免，鼓励企业为转移牧民提供更多岗位。同时，大力发展个体私营经济，积极拓展城镇公共服务领域，提高城镇整体功能，为牧民转移增收搭建平台。

（2）完善转移进城牧民的社保工作。养老保险方面，将转移进城牧民直接纳入城镇职工基本养老保险，并将符合城镇居民最低生活保障条件的转移牧民列入城镇低保管理范畴。医疗保险方面，将转移进城牧民直接纳入城镇居民医疗保险体系。就业保障方面，对转移进城牧民进行身份置换，由牧民变为城镇市民，统一实行城镇化管理，消除其在城镇社会各领域的就业限制；对就业困难的转移牧民直接纳入城镇登记失业人员《再就业优惠证》的享受范围；对进城创办经济实体的牧民，给予和城镇下岗职工同样的税费减免、社保补贴、小额担保贷款等政策支持；对年富力强，无语言障碍，具有一定劳动技能的牧民，依据自愿原则，实施跨地区就业工程，增加异地收入。住房保障方面，转移牧户在城镇购买普通商品住房、二手房，免缴房屋交易手续费、登记费、契税减半执行；申请自建住房，免缴城市市政公用设施建设配套费、规划费、质监费、建安劳保费；对经济困难的转移牧户要加强经济适用房、廉租住房分配倾斜力度。

（3）加大牧民非牧劳动技能免费培训力度，逐步形成以培训促转移的长效机制。强化牧民子女的教育转移，对转移出来的牧民子女率先实行12年义务教育，牧民子女考入职业技术院校，政府为学员承担全额学费，由自治区财政和当地财政按一定比例承担。

（杨臣华、包思勤、宝鲁、付冬梅）

附表　我区牧民纯收入来源结构与农民、城镇居民和全国农民对比

	年份	合计（元）	工资性收入		家庭经营收入		财产性收入		转移性收入	
			绝对值（元）	比重（%）	绝对值（元）	比重（%）	绝对值（元）	比重（%）	绝对值（元）	比重（%）
内蒙古牧民	2003	3201.09	232.13	7.25	2827.35	88.32				
	2004	3571.19	244.41	6.84	3072.12	86.03	83.43	2.34	171.23	4.79
	2005	4341.18	360.47	8.30	3619.19	83.37	117.54	2.71	243.99	5.62
	2006	4501.76	424.30	9.43	3671.55	81.56	99.56	2.21	306.35	6.81
	2007	5509.91	481.10	8.73	4500.96	81.69	88.18	1.60	439.66	7.98
	2008	6194.29								
内蒙古农民	2003	2132.94	360.83	16.92	1673.23	78.45				
	2004	2464.89	415.45	16.85	1887.44	76.57	52.08	2.11	109.92	4.46
	2005	2813.35	523.14	18.59	2042.08	72.59	67.28	2.39	180.84	6.43
	2006	3188.34	612.72	19.22	2238.70	70.22	82.86	2.60	254.05	7.97
	2007	3750.03	747.61	19.94	2562.39	68.33	120.82	3.22	319.20	8.51
	2008	4456.53								
内蒙古城镇居民	2003	7351.58	5235.96	71.22	614.22	8.35	83.73	1.14	1417.70	19.28
	2004	8488.13	5893.79	69.44	757.82	8.93	98.59	1.16	1737.90	20.47
	2005	9565.14	6669.48	69.73	857.63	8.97	161.25	1.69	1876.80	19.62
	2006	10779.26	7553.00	70.07	209.14	1.94	9.73	0.09	2087.40	19.36
	2007	13778.85	9300.62	67.50	97.57	0.71	206.35	1.50	2335.60	16.95
	2008	14431.00	10283.00	71.26			325.00	2.25	3031.00	21.00
全国农民	2003	2622.24	918.38	35.02	1541.28	58.78	65.75	2.51	96.83	3.69
	2004	2936.40	998.46	34.00	1745.79	59.45	76.61	2.61	115.54	3.93
	2005	3254.93	1174.53	36.08	1844.53	56.67	88.45	2.72	147.42	4.53
	2006	3587.04	1374.80	38.33	1930.96	53.83	100.50	2.80	180.78	5.04
	2007	4140.36	1596.22	38.55	2193.67	52.98	128.22	3.10	222.25	5.37
	2008	4761.00								

加强与长三角区域共赢协作，加快推进我区产业多元、延伸和升级步伐

近年来，世界性的产业转移正在由我国沿海发达地区向中西部延伸，与此同时，我国沿海发达地区受土地、资源、人才和劳动力成本等因素的挤压，也把工业尤其是一些劳动密集型企业的加工环节向内地转移。为了进一步推进我区"东联、北开、西出"开放战略，加强东西互动，研究发达地区产业转移重点和方向。2009年下半年，由自治区发改委组织，西部开发办和自治区发展研究中心参加的"开展区域协作与产业转移"调研组赴江浙沪，进行为期10天的调研，现将此次调研的主要内容报告如下：

一、江浙沪产业发展的主要特点

长江三角洲地区是我国综合实力最强的区域，在全国现代化建设中具有重要的战略地位和带动作用。上海、浙江、江苏位于长三角核心地带，改革开放以来三次产业结构不断优化，2007年，第一产业比重分别是0.8%、5.5%、6.7%，我区为12.5%；第三产业比重分别是52.6%、40.4%、37.4%，我区35.7%；第二产业比重分别是46.6%、54.1%、55.9%，我区为51.8%。长三角地区第二产业和服务业发展整体水平均高于我区。

新型工业化发展已成格局。目前，第二产业是长三角地区的主导产业，以工业为主，占第二产业90%左右（2007年）。近年来，长三角地区已形成门类较齐全，制造业发展水平较高的新型工业体系。从原煤、汽车、集成电路等10个工业产品的比较看，原煤、发电量、钢材等我区优势产品中只有原煤产量高于江浙沪三省市，集成电路、微型电子计算机、房间空气调节器、家用电冰箱、轿车、大中型拖拉机等6种技术含量较高的长三角地区的优势产品在我区仍处于空白。

外向型经济特色明显。2007年，江浙沪三省市进出口贸易额、外商投资企业注册资本等均高出我区10倍，甚至几十倍，同时出口贸易额均高于进口，显示了外向型经济和加工贸易特点。近年来，出口商品结构不断优化，

高技术含量、高附加值产品出口明显增加。江浙沪三省市机电、服装、纺织和高新技术等产品占据出口商品总额的 70% ~80% ，高技术产品比重逐年在提高。

生产型服务业发展加快。目前第三产业已成为长三角地区产业发展的主体和增长点。为了更好地发挥长三角优势，推进产业结构优化升级，2009 年 9 月份，国务院出台《关于进一步推进长江三角洲地区改革开放和经济社会发展的指导意见》（以下简称《意见》），并指出到 2020 年，长三角形成以服务业为主的产业结构，三次产业协调发展，建立国际先进制造业基地。以浙江省为例，依据国务院《意见》精神，把加快经济转型升级作为全省实现科学发展的重要内容，进行了"浙江制造向浙江创造跨越"、"块状经济向现代产业集群转变"等产业转型升级的总体部署。在《意见》和浙江省的产业发展总体部署中可以看出，今后在较长的一段时期，长三角地区技术要求相对低的传统制造业或劳动密集型企业将逐步向外转移。

二、主要启示

（一）加快产业转型升级是实现科学发展的必由之路

长三角地区经过改革开放 30 年的快速发展，具备了产业体量大、产业结构高度化、外向型经济发达、体制改革与制度创新全国领先、科技发达、人才荟萃等地区产业竞争优势，但同时也受到土地控紧、能源紧缺、劳动力成本增大等因素的制约。因此，加快转变发展方式，创新发展模式，推进产业结构优化，实现经济转型升级也已成为江浙沪地区面临的共同问题。

我区产业构成以资源型为主，承接发达地区产业转移的空间和潜力很大，同时抓住机遇加快我区产业优化升级，继续加强对劳动密集型、节能减排、装备制造、中小企业、服务业等方面的招商引资力度是我区产业结构调整，实现科学发展的必由之路。

（二）培育壮大提升开发区建设是促进产业发展的重要载体

积极培育开发区，为产业发展提供空间。虽然长三角地区土地非常紧张，但政府对开发区建设极其重视，积极支持开发区土地配置，为开发区规模化、集团化发展提供空间，长三角地区开发区建设速度明显加快。目前，江浙沪三省市已分别建立国家级开发区 11、18 和 10 个，我区 5 个；省级开发区 26、107 和 100 个，我区 40 个；开发区密度和数量明显高于我区，国家级和省级开发区数量上海市接近我区，江苏和浙江省开发区数量是我区的 1 ~2 倍。同时，长三角滨江、沿海、沿线的开发区布局为产业发展提供了良好的区域环境，使开发区整体功能有了较高的提升。我区虽然位于内陆，但也有优势产业区、重点城镇产业带、内陆口岸产业带等适宜建设开发区的相对优势环境。因此，必须充分利用优势环境的有利因素，培育壮大我区重点开发区，为承接产业、促进产业多元、产业延伸和产业升级创造良好的硬件环境。

（三）实施区域联动发展是提高区域整体竞争力的有效手段

历年来，江苏为苏北的发展做了很大努力，投入了很多的资金，但效果不能令人满意。面对不断扩大的南北差距，自2001年江苏举全省之力实施振兴苏北战略，相继出台《关于加快苏北振兴的意见》、《关于加快南北产业转移的意见》、《关于进一步支持苏北地区加快发展的政策意见》等促进苏北发展的指导意见。其中，随着"大力推进南北挂钩，共建苏北工业园区"措施的出台，使苏北产业集聚和工业化进程明显提速，进一步加快了苏北发展。2001年以来，苏北5市累计吸纳国内外产业转移500万元以上项目1.1万个，总投资3826亿元。2007年，苏北地区生产总值达到4976亿元，是2000年的2.5倍，人均GDP突破2000美元。近年来，苏北地区主要经济指标增幅高于全国、全省平均水平。这样的成绩主要来自于：①濒临长江是苏中地区最大的优势，但是过去交通等基础设施较落后，长江却成了阻隔两岸地区产业辐射的天堑。随着跨江交通基础设施的不断完善，建立了江南辐射江北的传导机制，实现承南启北，由南向北的要素自由流动和产业梯度转移区域协助战略。②在产业发展上，沿江8市通过加强21个开发区的联动建设，区域内形成了电子、新材料、新医药、精细化工等多条完整的产业链条，已占据全省3/4以上的GDP和财政总收入。苏中开发过程中江苏省鼓励苏南跨江联动开发，使长江南北有机联系在一起，形成优势互补，共同发展。③南北联动、跨江联动为江苏区域协调发展、提升整体竞争力起了显著效益。

（四）产业集中、企业集群是加快中小企业发展的有效途径

浙江区域特色经济发达。全省的区域性块状经济已经涉及制造、加工、建筑、运输、养殖、纺织、工贸、服务等十几个领域，100多个工业行业和30多个农副产品加工业。据统计，浙江省区域特色经济工业总产值约占全省全部工业产值的49%。乐清低压电器、海宁皮革服装、永康五金制品、诸暨珍珠和嵊州领带、浦江水晶工艺品等在全国享有盛誉。据调查，目前全省拥有工业总产值亿元以上的块状经济群500多个，其中52个区块的产品国内市场占有率达30%以上。集群化块状产业不仅为浙江省中小企业发展提供了有利的环境，也有力地推进了浙江省富民强省步伐。

三、我区积极承接产业转移的几点建议

（一）加强跨区域共赢协作，抢抓机遇、主动对接

这轮产业转移，在国家的鼓励政策下，转移迅速，竞争激烈。不仅各个省区在争抢，东南亚一些国家也在参与。自治区要结合"东联、北开、西出"的扩大开放战略，以相对低的劳动力成本、充分的土地资源和横跨三北、北开前沿等区位优势，加强同江浙沪地区的政府、开发区和企业之间的对接，加强同有关行业协会的对接，全力促成项目的引进落地。积极承接先进制造业和现代服务业，努力吸引研发、设计、营销、服务环节的转移。同时，要坚信新型工业化是富民强区第一推动力的理念，转变工业发展方式，真正走出一条有别于传统模式的新型工业化路子，抓紧研究制定新型工业化考核评价体系，指标体系要围绕产业多元、产业延伸、产业升级，切实突出自主创新、技术进步、节能减排、环境保护等方面的内容，引导我区新型工业化又好又快发展。

（二）提高开发区品位，创新招商方式

开发区是企业的落脚点，直接关系到承接产业转移的成效。一是要创新招商方式。要重视专业化招商，推行产业链招商、龙头企业招商、商会招商、企业家招商，开展专项招商。借鉴上海市开发区的公司化管理模式，积极探索园区建设新模式，支持以行业协会或者企业为主体进行园区开发。鼓励促进沿海地区在我区合作共建产业转移示范园区，在园区管理、建设中，积极带动社会更多的力量，参与管理，形成共同招商的机制。二是充分发挥开发区对产业集聚的重要承载功能，准确定位开发区主导产业和发展方向，建立承接技术密集型和劳动密集型产业专业园区，发展配套产业，为集群化承接做好准备。三是以盟市为单位整合邻近开发区的资源，提高开发区竞争力，并在整合过程中开发区之间形成联动关系，互动发展。

（三）着力促进传统优势产业提质升级

（1）要促进传统优势产业高端化。引导能源、冶金、化工等资源型产业根据产业链、价值链和技术链的现状，瞄准产业价值链高端，整合资源，引进技术、联合攻关、做大做强规模，形成一批占据产业发展前沿的高端产业。

（2）要促进传统产业"两型"化。按照资源节约型和环境友好型社会要求，大力推进传统产业的"两型"改造，运用环保技术改造能源、化工、建材等污染较重产业，运用节能技术改造钢铁、有色等高能耗产业。充分利用资源循环技术、新能源和可再生资源技术支撑传统产业发展，不断降低资源

和能源消耗，减少"三废"排放，加快实现传统优势产业"两型"化。

（3）要促进传统优势产业高新化。广泛采用国内外高新技术成果改造传统产业，提升产品和工艺水平，促进传统产业向高新化发展。

（四）大力推进产业集中和企业集群

长三角抓住改革开放的机遇，在区域特色经济发展和专业镇的培育上得到很好的成绩，形成国际国内有较大影响力的专业镇和专业市场，同时也造就了长三角的富民大产业格局。一是突出抓重大项目。围绕传统产业提升、高新技术培育、装备制造业做大做强，组织实施一批产业关联度大、带动作用强、技术水平高、市场前景好的大项目、好项目。二是打造一批重点园区。按照"产业集聚、企业集群、主业突出、特色鲜明"的目标引导大企业、大项目及其配套产业向园区集中，鼓励企业向产业链上下游延伸，优化园区企业之间的配套协作体系，创建分工专业化、技术高新化和生产生态化为特征的产业集群发展的新模式。三是培育现代产业群。以开发区为载体，以高新技术产业、先进装备制造业和传统优势产业为重点，着力培育一批产业特色突出、专业分工合理、协作配套完善、创新能力强的现代产业群，形成一批大企业、大集团。推动大企业与中小企业的产业配套和产业对接，打造有竞争力的产业链。

（五）加快服务业发展，提高为生产服务的水平

在招商引资中，企业看重的首先是产业配套环境，其次是区位和交通运输优势、政府服务。发展服务业是产业结构优化升级的推动力，也是改善产业配套环境的重要措施。目前，我区服务业发展水平尤其是生产性服务与国内发达地区比较有很大的差距，但我区经济正处于比较稳定快速的发展时期，整体经济形势较好，今后以资源型产业为基础，通过进一步挖掘内陆口岸和丰富的土地资源等优势，进一步完善交通运输条件，使服务业发展与承接产业转移形成互动，共同发展。为此建议：

（1）进一步优化整合呼包鄂三市航空资源，在呼包鄂的腹地以90公里固定里程为半径，建立干线枢纽国际机场，并以此为轴线发展连接呼包鄂城市群的快速轻轨交通，整合提升呼包鄂地区现有航线和路网配套功能，提升我区区域间交通通达水平和内部通达能力，实现大呼包鄂区域经济发展目标。

（2）以"旅游立市"为主导，学习借鉴安徽省黄山市和湖南省张家界市的发展经验，在生态环境独特、旅游资源丰富的兴安盟阿尔山市、柴河及呼伦贝尔市鄂温克旗南部、锡林郭勒盟东乌旗东部实施有效的行政区划调整，建立大阿尔山市。目前该地区由于受行政界线阻隔，旅游资源被分割，进一步提升地区旅游业发展受到限制。因此，建议积极承接发达地区旅游及其相关服务业转移的同时，为更大区域范围的承接产业转移打造良好的环境。

（六）优化发展环境，强化政策保障

（1）财政支持。自治区财政设立产业多元、延伸、升级发展引导基金，纳入 2009 年预算安排，今后逐年增加，专项用于扶持产业多元、延伸、升级发展公共服务平台建设，组织开展产业多元、延伸、升级招商引资活动，奖励活动等。建立全民创业投资引导（或中小企业创业投资引导）基金，以中小企业经济园区为载体建设创业基地，围绕特色劳动密集型和技术密集型加工业，以培育集群化产业基地为目标，推广"双零"企业（零税收、零收费），最大限度地激活全民创业，推动中小企业"百花争艳"的景象。

（2）金融服务。各盟市建立中小企业信用担保机构，引进发达地区信用担保公司，以政府组织、会员参与、专业管理、财政支持的方式，建立中小企业方便及时的融资通道。同时加强地区性中小企业银行、小额贷款公司、村镇银行等地方中小金融机构建设或建立工作，扩大中小企业融资空间。

（3）信息服务。自治区建立中小企业信息网或与中国中小企业内蒙古网合作，免费向中小企业发布供求信息和政府政策，并与国内有关网站联合，开发中小企业电子商务业务，提高中小企业市场紧密度与对接效率。

（4）技术服务。建立并依托"产业多元、延伸、升级发展引导基金"，为中小企业的技术创新、产学研究成果转化提供服务，帮助中小企业建立研发机构，成立专家咨询团对中小企业的疑难问题给予解答，还为产品质量检测在企业和科研机构之间搭建平台。

（5）人才服务。加强"阳光工程"、"雨露工程"实施和职业教育承办力度，向中小企业输送技术人员，每年定期免费承办"企业管理人员培训班"、"中小企业职业经理人培训班"等专业培训，为中小企业人才队伍建设提供服务。

（杨臣华、陈小北、白振华、宝鲁）

关于内蒙古矿产资源开发管理
体制改革调研报告

进入"十五"以来，受国内城镇化、工业化进程的加快及国际市场需求旺盛等因素影响，资源品价格持续走高，价格上涨带来的巨大经济利益空间催生了矿产资源开采业的快速发展，采矿业已成为资源富集区经济发展和财政收入的重要支柱产业，但同时由于体制、机制等方面原因，矿产资源开发中存在许多诸如非法开采、利益分配不合理和矿业权非法转让等一系列乱象，严重影响着矿产资源开采业的有序发展和对地方经济的带动作用。因此，在把脉国家逐步推进资源品价格机制改革和当前资源品价格走势趋缓的背景及机遇下，为进一步促进矿产资源开发产业有序发展，提高矿产资源对地方和国家的贡献及理顺各利益主体间关系，近期中心课题组对我区资源开采业快速发展的鄂尔多斯进行了专题调研，现将有关调研情况报告如下：

一、调研地区煤炭资源开发及管理体制

（一）开发情况

依托丰富的资源优势和近几年持续走高的煤炭价格驱动，鄂尔多斯煤炭开采业得到了快速发展。截止到 2008 年底，全市建成煤矿 297 座，产能 24300 万吨/年，其中神华集团 15 座，产能 10470 万吨，地方煤矿 282 座，产能 13830 万吨。2008 年全年煤炭生产量达到 26000 万吨，其中市内转化煤炭 3070 万吨，市外区内用量 4730 万吨，出区外运量 18200 万吨。全年实现产值 773.6 亿元，增加值 441.4 亿元，占全市规模以上工业增加值的比重分别达到 80.63% 和 86.5%，来自煤炭开采的直接税收收入占地方总财政收入比重高达 57% 左右，煤炭开采业直接吸纳劳动力 3 万人，间接吸纳劳动力 50 万人左右。

（二）管理体制

1. 价格形成机制

目前鄂尔多斯煤炭的定价主体主要包括煤炭行业协会和企业，其中煤炭行业协会主要是根据具体的情况规定煤炭的最低保护价，在保护价前提下煤炭价格形

成主要由企业自行决定。目前煤炭企业的定价形式主要有两种：一种是完全市场价，主要存在于地方的个别中小型煤矿企业和没有固定客户的企业中；另一种是个别企业自行定价，主要是一些具有固定客户的企业，如某国有煤矿，其主要的客户是属于同一总部集团的其他公司，因此其价格并不随市场变化而出现大的波动。总的来说，目前鄂尔多斯地区煤炭价格形成机制主要以完全市场价为主。

2. 收益分配情况

矿产资源开采中的收益分配主要是指在矿产资源开采、利用及矿业权取得耗竭资源补贴、矿山生态环境保护等相关的税费收益分配和补偿等。在我国矿产资源归国家所有，因此，其利益分配的主体主要有国家、富有管理权的国务院委托下的市县一级政府、开发企业、矿区居民及开采过程中使用的要素收益，具体的收益分配情况主要包括以下方面：

从宏观方面考虑，矿产开采中的收益分配主要包括政府、企业和居民。2007 年鄂尔多斯煤炭行业（其中 95% 以上为煤炭开采行业）总的增加值为254.97 亿元，其中上缴政府各种税费合计 82.11 亿元，企业实现利润 147 亿元，直接从事煤炭开采行业职工 3 万人，平均工资为 45327 元，合计职工收入为13.6 亿元，企业实现利润、政府税费收入和职工工资性收入占煤炭行业增加值比重分别为 57.65%、32.2% 和 5.33%，企业和政府具有相对高的收益。

从税费分配情况看，分配的主体主要包括各级政府的税费分配，其中收入完全归当地政府的主要包括资源税、各种费用（目前主要包括安全费、水土保持治理费、人力资本积累金等八项费用，其中生态环境恢复补偿金主要由企业自收自支）及地方煤炭企业上缴的营业税；国有企业营业税归中央政府，增值税和企业所得税主要归中央和地方政府共同所有。各税费项目、收益分成及标准见表 1。

表 1　矿山企业开采中的税费分配情况

项目	分配主体及情况	标准
资源税	全部归地方政府	3.2 元/吨
增值税	75% 归中央，25% 归自治区、鄂尔多斯政府共同所有	由 2008 年的 13% 提高到 2009 年的 17%
营业税	国有企业上缴中央，地方企业上缴当地政府	3%
各种费用	全部归地方政府	地方企业 11.24 元/吨，中央企业 4.7 元/吨
所得税	95% 归鄂尔多斯，其余 5% 上缴国家	应纳税所得额 3 万元（含）以内：18%，3 万元～10 万元（含）：27%，在 10 万元以上：33%

3. 资源配置情况

矿产资源配置方式主要依据不同的资源而定，对于非煤炭类资源主要是采用招、拍、挂的形式。按照国家规定，取得探矿权的企业具有优先开采权，但目前国家在鄂尔多斯的探矿权已分配完毕，目前对于煤炭资源主要是以协议配置的方式进行，协议配置主要在市一级或省一级进行，配置条件主要有单井产能和就地转化率两方面规定，单井生产能力为 120 万吨/年；就地转化方面规定煤炭就地转化率最低不得低于 50%，煤转电为 100%，煤化工为75%，其他必须达到 50%。

4. 资源管理方面

目前矿产资源开采管理的主体为鄂尔多斯市和县一级政府，在实际的运作中，政府对矿产资源开发管理主要体现在对回采率和资源有偿使用两方面。回采率方面主要执行的是 2005 年内蒙古自治区人民政府《关于进一步推进煤炭资源整合和有偿使用实施办法（试行）》（内政发〔2005〕210 号）规定的最低 30% 的回采率标准；对于资源有偿使用主要按照《内蒙古自治区人民政府批转自治区国土资源厅〈关于深化矿业权有偿使用制度改革培育和规范矿业权市场意见〉的通知》（内政发〔2003〕343 号）和《内蒙古自治区人民政府关于加快发展能源重化工业进一步推进煤炭资源优化配置意见》（内政字〔2004〕436 号）有关文件的要求，从新置煤炭资源、矿业权变更和延续、探矿权审批、已关闭煤矿矿业权重置等方面对煤炭有偿使用提出了具体的规定。

二、存在的问题

从本次调研中反映的问题看，利益分配不均已成为所有问题和矛盾的焦点，改革现行的资源利益和分配制度，建立新型的资源利益体系已成为当地大多数人的共识，同时在矿产资源开发政策制定和实施方面也存在一定不完善的方面，具体问题主要表现在以下方面：

（一）矿产资源开采业整体对地方贡献作用比较小

作为全民所有的矿产资源，在开发过程中，国家通过税收等调节手段收取大部分收益用于全体国民福利的改善和提高的做法无可厚非，但同时矿产资源分布具有一定的地域性和普遍的稀缺性，在其价格上涨和主要外部性由地方承担的大背景下，应适当强化其开发过程中对地方的贡献。但在本次调研中发现，矿产资源开采业整体对地方贡献作用比较小，主要表现在以下方面：

1. 地方在矿产资源转化增值中受益较小

提高资源综合利用和促进资源多次转化增值是提升煤炭产业社会贡献和可持续发展的重要途径。2006 年鄂尔多斯市政府就出台了相关文件规定，煤炭开采企业必须达到最低 50% 的就地转化率，但在实际的调研中发现该地区煤炭资源仍然主要以外销为主，真正用于煤炭就地转化增值的比例很小。2008 年全市煤化工行业设计煤炭转化能力为 1160 万吨/年，而全年实际转化煤炭仅为 480 万吨，不到煤炭设计转化能力的 43%，实际转化煤炭占全年煤炭生产量比重仅为 1.85%，而全年外运量达到 18200 万吨，所占比重高达 70%，即使按照最低 50% 的转化要求（其中不包括市内及市外区内转化用煤）计算，全年仍然有 4720 万吨没有达到转化要求。

2. 同区外煤炭省市相比较税费比较低

合理的税费是增强地方可支配财政和产业发展的重要调节手段，但同区外煤炭大省相比较，鄂尔多斯整体税费水平较低。一方面，在归入地方税收方面，煤炭开采中的资源税整体水平比较低，2008 年全年煤炭从开采到销售的平均利润为 100～150 元/吨，同时期收取的资源税仅为 3.2 元/吨，而同时期河南、山东的征收标准分别为 4 元/吨和 3.6 元/吨，即使按照山东的标准计征，全年仅资源税一项就少征 9.36 亿元，占鄂尔多斯全年财政收入比例为 12.15%；另一方面，调节煤炭生产和促进地区生态建设等方面的费用比例也比较小，2008 年鄂尔多斯对煤炭开采企业征收的各项费用总计为 11.24 元/吨，而山西省对外运煤增收的"可持续发展基金"一项就高达 15 元/吨左右，因此，效仿山西省的做法，即使在原有的费用基础上对外运煤加征 2～3 元/吨的煤炭专项调节基金，也可增加当地可支配财政收入 3.6 亿～5.4 亿元，占 2008 年全年财政收入比重达 5% 左右。

3. 存在部分利益外流现象

煤炭属于国有资源，但对个别人来说，煤炭价格疲软或持续上涨是攫取国有利益的最好时机，通过非法转让和开采可获得巨大的利益：一方面，煤炭价格疲软时，个别小矿可以不通过合法的手续进行开采权的转让，而中间并不需要缴纳相应的交易税及矿业权有偿转让费用，使得地方利益有很大部分流向了非法转让的个体。根据当地人介绍，某些个人在煤炭价格疲软时以几万元的价格获得矿业权，在价格上涨时转手以高于转入价的百倍甚至千倍转手出让，中间获取了巨额利润；另一方面，在个别时期，非法开采现象时有发生，如 2008 年煤炭价格高涨时，地方某些个人一天挖煤的收入就高达几十万元。此外个别煤炭生产企业与用煤企业存在协议定价机制，这使得在煤炭价格持续高升的条件下，价格并不能完全反映价值，煤炭增值部分也存在一定程度的利益外流。

（二）利益分配在各相关体之间存在很大矛盾

1. 当地政府和中央企业之间

在本次矿产资源开发调研中，当地政府和中央企业之间的利益分配矛盾最为明显：一方面，体现在各种费用征收中。在地方制定的各种费用类型中，许多项目是中央企业不执行的。如2008年鄂尔多斯煤炭局和当地政府制定的所有煤炭企业的8项费用合计11.24元/吨，而当地的国有企业仅向当地政府上缴4.7元/吨，许多费用项目在国有企业得不到执行，即使在可执行的费用项目中，当地企业与国有企业之间也存在一定差别，如2006年开始征收的跨区生态恢复补偿金，当地企业的征收标准为2.0元/吨，而国有企业的征收标准为1.8元/吨，国有企业与当地企业存在很大区别。另一方面，当地政府在税收争取方面与国有企业之间也存在很大的矛盾，设在地方的国有煤炭开采企业主要是充当"煤炭生产车间"的角色，而生产—运输—销售过程中的营业税、所得税及增值税并不留在当地，按照中央企业只有一个法人的企业治理现状要求要上缴到企业所在地总部，在此过程中产生的收益地方基本无从获益；同时目前国家矿业权分配已基本完成，矿业权要在地方和企业间进行新一轮的配置，在中央企业和地方政府利益矛盾存在的背景下，双方出于各自利益考虑必然加强对矿业权的争夺。

2. 企业与居民之间

一方面，煤炭机械化开采对于提高煤炭利用效率具有重大意义，但机械化开采中对地方居民的就业带动比较弱。据介绍大煤矿开采中，直接雇用的劳动力人员仅为传统煤矿的3%，2008年鄂尔多斯全市煤炭产业实现增加值254.97亿元，而其中的职工收入占增加值的比重仅为5%左右，煤炭开采业的富民作用比较弱。另一方面，资源开发区居民不得不承受资源开发造成的环境污染、物价上涨等外部性后果。随着煤炭开采企业开采力度的加大，矿区许多地方出现了不同程度的塌陷，虽然大多数企业对塌陷区进行了一定治理，并对塌陷区居民给予一定的补偿和安置处理，但这些措施仅限于采矿区，而对于相邻矿区同样面临耕地、水污染的居民的补偿根本没有或少之又少，引发了许多居民的不满，此外，随着矿区开采业的发展地区物价也会随之高涨，如随着煤炭开采业的快速发展，鄂尔多斯地区物价水平普遍提高了很多，而伊金霍洛旗当地基本生活品物价比鄂尔多斯物价还要高出许多，高物价影响了当地居民的生活水平，在一定程度上进一步损害了当地居民的利益。

3. 资源开采地政府之间

资源分布具有很强的地域性特点，同时资源开采中带来的各种负外部性在短期内主要由所在地承受。因此，加强对资源开采地区的治理等方面的投入就显得尤为紧迫和重要，但在实际的调研中发现，在各种税费的收入分配中，当地政府分配给矿区所在地的乡镇或村的部分很少。如 2008 年鄂尔多斯政府收取的煤炭开采行业税收中，所得税 90% 都上缴鄂尔多斯政府，只有10% 左右的比例留在矿区，而中央返还 25% 的增值税主要在自治区、鄂尔多斯及矿区所在政府进行分配，此外资源税收入也主要在自治区与鄂尔多斯市共同分成，这样留给矿区的部分就非常小。

（三）政策制定和执行方面存在不完善

首先，对非法开采资源方面的监督仍然存在漏洞。为加快资源整合，鄂尔多斯政府加大了对现有煤矿资源、已关闭矿井剩余资源和零星边角资源的整合力度，矿井数量由 2005 年的 552 座减少到目前的 276 座，但受巨大利益刺激，在个别时期（如春节期间）仍然存在非法开采资源的行为。其次，在对矿业权配置条件执行方面的监督存在不完善的方面。如在鄂尔多斯煤炭资源配置的条件之一是企业煤炭就地转化率必须最低达到 50% 的要求，但在实际的操作过程中大多数加工转化项目并不能达到此要求，对此当地政府也没有具体的监督措施或对策。最后，在资源配置过程中存在中央和政府之间政策不统一的现象。如在煤炭资源配置条件中，国家的规定是"先配资源后配项目"，而当地政府在具体执行过程中的要求是"先有转化项目后配资源"，政策之间在一定程度上不统一。

三、促进矿产资源管理体制改革的几点建议

完善矿业权管理体制，从而实现矿产资源有偿使用制度，使矿业权的取得成本、环境成本等在矿产资源收益分配中得到完全体现，是调节中央与地方、地方政府与矿产资源开发所在地及企业与当地居民利益分配的核心。基于此，针对调研地区完善矿产资源管理体制提出以下几个方面的对策和建议：

（一）加快矿产资源有偿使用市场化改革步伐

在现有国家矿业权分配完毕的基础上，建议按照《内蒙古自治区人民政府印发关于进一步推进煤炭资源整合和有偿使用实施办法（试行）》（内政发〔2005〕210 号）办法，加快矿产资源有偿使用的市场化改革步伐。一要转变当前的协议配置形式，在重点考虑煤炭转化增值的前提下，逐步推行矿业权

取得和使用中的"招、拍、挂"的市场出让方式；二要加强对已取得矿业权的企业进行全面清查和整顿，对无偿取得国家矿业权的企业要进行重新评估，并按照协议价格补缴矿业权价款；三要加强对矿业储量、利用年限及利用效率方面的研究，并依据国家产业政策和矿产品供求关系，尽快制定动态的补偿机制，促进矿产资源的收益分配合理化和提高资源的综合利用效率。

（二）建议尽快开征煤炭可持续发展基金

矿产资源勘探开发以及利用会带来生态和环境的负外部性，其实质是对公共物品性质的生态与环境资源的消耗，是对社会公共利益的损害。建议借鉴山西省做法，在充分实现矿产资源价值基础上，千方百计争取国家对自治区煤炭可持续发展基金征收的批复，通过征收可持续发展基金来使生态环境成本内在化，一方面，提高煤炭就地转化增值能力，提高煤炭产业对地方的贡献水平；另一方面，将收取基金专项用于提高矿产资源开发利用效率的技术研发、公共设施建设、社会发展、替代产业发展等方面，并从政策方面适当加强对资源开发地区倾斜，提高矿产资源开发所在地区可持续发展水平。

（三）积极探索煤炭流通体制改革

近年来，在政府主导的煤炭订货会体制下，我区煤炭往往以低于市场价格向外输出煤炭。如2008年煤炭坑口价为90~100元/吨，运往外地销售煤炭平均利润在150~200元/吨，而我区外运煤炭的比例高达80%以上，这在很大程度上造成了地方利益的流失，全国煤炭订货会的淡化为占全国煤炭产量18%的我区转变煤炭利益流失创造了重要机遇。因此积极探索煤炭流通体制改革，改变长期的煤炭行业利益外流现象就显得尤为重要和紧迫。为此，一方面，要积极争取全国（或区域性）煤炭市场在我区的设立，提高煤炭大省在煤炭产供销方面一定的发言权；另一方面，创新煤炭营销策略，鼓励大型煤炭企业通过控股、联合等方式培育煤炭物流"旗舰型"企业，提高区域煤炭市场的集中度，从而实现在确保国家能源安全的前提下真正维护地方经济利益。

（四）强化对矿产资源开发的监管

要采取标本兼治、治本为主的办法，从法律、体制、执法等方面入手，强化对矿产资源开发的监管。一要加强对矿产资源开发中的落地转化项目的监督，对部分"圈占资源而没有进行实际转化"或转化不符合最低50%要求的项目，要加强整顿，必要时收回其已取得矿业权，从而实现我区产业结构的优化和升级，加快新型能源重工业基地建设步伐；二要进一步加强对非法开采现象的监督和整治，强化执法、惩处措施等重点环节，从根本上杜绝非法开采现象；三要理顺政策，当前要重点和尽快理顺国家和当地政府在矿业权配置方面关于"资源配置和项目先后条件"、"中央、地方企业"在费用收取方面政策的不统一。

（胡德、李靖靖、韩淑梅、冯玉龙）

国际金融危机后的内蒙古经济发展

当前，国际金融危机给世界各国带来了严重的经济衰退。2009 年 2 月 2 日国务院总理温家宝在英国剑桥大学具有 500 年历史的"瑞德"讲坛上发表演讲时指出："大力推进科技进步和创新，科技是克服金融危机的根本力量。每一次大的危机常常伴随着一场新的科技革命；每一次经济的复苏，都离不开技术创新。我们就是要依靠科学技术的重大突破，创造新的社会需求，催生新一轮的经济繁荣。"

一、经济危机与产业革命

著名经济学家熊彼特（J. A. Schumpeter）认为，技术创新活动是使经济发展呈周期性更迭的主要原因，技术创新带动了世界经济从一个周期的衰落走向下一个周期的繁荣。而经济危机则是衰退阶段的突出表现。但每一个下降期都在酝酿一次新的创新高潮，最终带来新的上升期的到来。

1857 年，在资本主义历史上爆发了第一次具有全球特点的经济危机。同时也引发了以电气革命为标志的第二次技术革命。从 19 世纪六七十年代开始，人类历史上出现了一系列重大发明，有线电报、电话、无线电报等一大批新技术相继问世，并被迅速推广应用。发电机与电动机的发明使电力工业和电器制造业迅速发展起来；内燃机的发明，使火车、远洋轮船、飞机等运输业得到迅速扩张，同时也推动了石油开采业、石油化工业的产生和发展。

1873 年，奥地利首都维也纳股市暴跌引发了世界经济危机。为了应对危机，美国人发明制造了物美价廉、易于保存的罐装食品。因此罐头食品应运而生，社会需求量猛增。直到现在，罐头依然是美国低收入家庭的重要食品之一。据媒体报道，随着本次世界金融危机的不断加剧，不少美国人又开始食用午餐肉，购买廉价商品，以抵御金融危机给他们带来的影响。由此可见，罐头是"经济大萧条"的产物，罐头食品的发明在某种程度上对刺激经济发展，帮助美国经济走出危机发挥了决定性的推动作用。

1929 年的世界经济危机，引发了以电子、航空航天和核能等先进技术为标志的第三次技术革命。1946 年美国发明了第一台电子计算机。此后，计算机、晶体管和大规模集成电路技术的广泛应用，使得世界社会劳动生产率得到了极大提高，并为世界经济的复苏与发展提供了重要的动力。这次科技革命极大地推动了世界经济、政治、文化领域的变革，带动世界经济发展了近 20 年。

20 世纪 70 ~ 80 年代，正当各发达资本主义国家普遍出现经济滞胀，世界经济处于低迷不振的时节，以网络和信息技术为核心的新一轮技术创新浪潮正在美国悄然升起，并迅速演变成为一场新的技术革命，信息技术革命加快了世界经济的全球化，为新一轮的世界经济增长孕育了力量。正是这场迅速席卷了全球的信息技术，让世界经济走出了 20 世纪 70 年代的经济滞胀，信息技术是帮助发达资本主义国家走出经济危机的主要力量。

二、未来可能产生科技革命的领域及发展趋势

（一）新能源

光伏能源被认为是 21 世纪最重要的新能源，光伏发电将在 21 世纪前半期超过核电成为世界最重要的基础能源之一。当前，太阳能开发利用突飞猛进，在美、日、德等西方发达国家大力推动下，近年来世界光伏工业保持着年均增长 30% 以上的发展速度。据统计，2007 年全球累计使用量达到 950 万千瓦，主要分布在欧洲、日本和美国等发达国家和地区。提高光伏材料的转换效率和降低太阳能电池的制造成本是光伏工业一直追求的两个目标。半个世纪以来，太阳能电池的效率和制造成本持续下降，特别是以 CdTe、CIS 为代表的高效薄膜太阳能电池技术已取得了突破性进展，代表着未来太阳能电池工业的发展方向。目前太阳能电池效率已经突破 34%，商用发电成本在 0.15 ~ 0.25 美元/千瓦时之间，已经具备了商业化规模生产的条件。据欧洲光伏工业协会预测，未来 20 年世界光伏产业的增长速度将达到年均 30% 以上，太阳能市场除了美、日、德等西方发达国家外，拥有近 20 亿无电人口的广大发展中国家同样市场潜力巨大。我国光伏发电自 20 世纪 70 年代起步，经过 30 多年的努力，已初步建立起从原材料生产到光伏系统建设等多个环节组成的完整的产业链，特别是多晶硅材料生产取得了重大进展，突破了年产千吨大关，冲破了太阳能电池原材料生产的瓶颈制约，为我国光伏发电的规模化发展奠定了基础。到 2007 年底，全国光伏系统累计装机容量达到 10 万千瓦；从事太阳能电池生产的企业达到 50 余家；太阳能电池生产能力达到 290 万千瓦，太阳能电池年产量突破 109 万千瓦，已超过日本和欧洲，成为世界第一

大太阳能电池生产国。

风力发电是新能源技术中最成熟、最具规模化开发、商业化前景的发电方式。近20年来，德国、美国、丹麦等国投入了大量的人力、财力、物力，致力于可以投入商业化运营的大型风力发电机的研发工作，并已取得了突破性进展，目前风力可利用率从原来的50%提高到98%，风能利用系数超过了40%。同时由于计算机、集成电路等电子、微电子技术的广泛应用，风力发电实现了单机独立控制、多机群控和远程遥控的管理方式和运维模式，从而使风力发电真正成为一种极具发展潜力的新能源。纵观21世纪的世界能源增长格局，目前发展最快的已不再是石油、煤炭和天然气等化石类传统能源，而是异军突起的风力发电、太阳能发电等可再生能源。据国际能源署预测，2010年全世界风电总装机将达到5500万千瓦，2020年将达到1.12亿千瓦，其发电量将占世界总发电量的1%。自2004年以来，我国的风力发电呈爆发式发展，2004～2008年连续3年全国风电装机容量年均增长速度超过100%，其间每年风电新装机容量都是此前20多年的总和。到2008年全国风电总装机容量已达到1000万千瓦，装机总规模超过了核电，提前两年实现"十一五"发展目标。预计到2020年，全国风电装机规模将达1亿千瓦左右。

生物柴油是一种可再生的清洁能源，是石油柴油的优质代用品。美国是最早研究生物柴油的国家。早在1992年美国能源部及环保局就提出以生物柴油作为燃料，以减少对石油资源的依赖。1999年克林顿总统签署了开发生物质能的法令，将生物柴油列为重点发展的清洁能源之一，并对生物柴油的生产实施免税优惠政策。目前，美国共有60家生物柴油生产厂，预计到2016年美国生物柴油产量将达到330万吨；欧洲是生物柴油应用最多的地区，其中德国是生物柴油利用最广泛的国家，目前德国生产和消费生物柴油已达到110万吨。约占世界总生产量的1/3。预计到2010年欧洲各国的生物柴油产量将达到830万吨。

全球的燃料乙醇热始于美国和巴西，两国的乙醇产量占到目前全球乙醇产量的70%。巴西是世界上当之无愧的"乙醇王国"，年产量1000万吨以上，有近400万辆汽车以乙醇为燃料，乙醇消费量占全国汽车燃料消费量的43%；美国则在发展乙醇燃料的战略上提出了"生物质救世路线图"的设想，计划到2020年美国生物燃油比重将占全国燃油消费量的10%，到2050年，生物质能源占总能耗的50%；欧盟也提出到2020年运输燃料的20%将用燃料乙醇等生物燃料替代；日本、印度也分别启动了"阳光计划"、"绿色能源工程计划"。为了有效解决燃料乙醇与人争粮的矛盾，美国、德国、加拿大等国目前正积极探索纤维素乙醇的开发利用。科学实验表明，利用纤维素制取燃料乙醇，将是解决原料来源、降低制造成本的有效途径，纤维素乙醇将可能成为又一个生物质燃料的金矿。

（二）新材料

目前，新材料的研发与产业化水平已成为衡量一个国家综合实力的重要标志，世界各国均把大力研究和开发新材料作为 21 世纪的重大战略决策。以纳米技术开发为例，美国政府为抢占纳米技术战略高地，专门制定了"国家纳米计划"，计划到 2010 年将培养 80 万纳米科技人才；日本从 2001 年起实施为期 7 年的"纳米材料工程"计划，设立纳米材料研究中心，每年投资额达 50 亿日元，并在 5 年"科技基本计划"中，将纳米技术列入研究开发重点，还成立了有 268 家大型企业参加的纳米技术商务推进协会，以促进纳米技术研究成果尽早产业化；德国早在 1994 年就启动了为期 10 年的跨世纪"国家级材料研究计划"，目标是通过技术创新和产品创新，在新材料制备、加工和应用三个方面确保国际领先地位；英国是在世界上最早制定"国家纳米计划"的国家，现有 1000 家公司，30 所大学和 7 个研究机构在积极开展纳米技术应用研究工作；法国政府近年对纳米技术的支持有增无减，尤其是从 2003 年开始实施"国家纳米科技投资计划"以来，计划用 3 年时间投入 5000 万欧元用于纳米科学基础研究，建立 5 个纳米技术研究中心，促进纳米技术研究成果向中小企业与新兴企业转化。专家预测，未来 10 年全球纳米技术市场规模将达到 1 万亿美元左右。

（三）生物医药

近 20 年来，以基因工程、细胞工程、酶工程为代表的现代生物技术迅猛发展，目前全球研制中的生物技术药物超过 2200 种，其中 1700 余种进入临床试验。许多国家都把生物技术作为 21 世纪优先发展的战略性产业，美国将生物医药产业作为新的经济增长点，实施了"生物技术产业激励政策"；日本制定了"生物产业立国"战略；欧盟科技发展第六个框架将 45% 的研究开发经费用于生物技术及相关领域。在生物技术产业迅猛发展的浪潮推动下，目前发达国家已成为世界生物产业的聚集区，形成了比较完善的生物医药产业链和产业集群。例如，美国已形成了旧金山、波士顿、华盛顿、北卡罗来纳和圣迭戈五大生物技术产业区，其中硅谷生物技术产业从业人员占美国生物技术产业从业人员的 50% 以上，销售收入占美国生物产业的 57%，研发投入占 59%，其生物产业销售额每年以近 40% 的速度增长，成为带动美国经济持续增长的重要力量。除美国之外，英国的剑桥基因组园、法国巴黎南郊的基因谷、德国的生物技术示范区和印度班加罗尔生物园等也都是世界生物技术产业的重要聚集区，这些地区聚集了大量包括生物公司、技术研发、产业转化、银行信贷、风险投资和信息服务等在内的大量相关机构和科研院所，对扩大世界生物产业规模、促进本国经济发展作出了重要贡献。目前在世界药品市场中，生物药品销售额正以年均30%以上的速度增长，大大高于全球医药行业年均增长速度，据预计到2010年，生物药物在世界药品市场中的份额将提高到18%以上，生物医药产业正快速由最具发展潜力产业向支柱产业发展。

三、内蒙古"变危为机"，迎接科技革命的对策建议

当前，对内蒙古经济形势总的判断是：内蒙古经济社会发展的基本面和发展态势并没有发生重大改变，仍处在经济发展的重要战略机遇期。从发展基础看，目前内蒙古正处在经济结构转型，发展方式转变的关键时期。经过30年的改革开放，全区经济社会发展水平已有明显提升，经济实力明显壮大，发展基础较为牢固，已经具备了实施创新型发展战略的基础和条件。从发展潜力看，内蒙古具有发展新能源、新材料、新医药的资源优势、空间地理优势和区位优势，但同时也存在技术研发力量薄弱，产业基础较差等制约因素。只要我们积极应对世界金融危机给内蒙古发展带来的新变化，解决好制约我区当前和长远发展的重大瓶颈问题，内蒙古就一定能够实现新的历史跨越。

（一）密切跟踪世界最新科技动态，把握高新技术产业的发展趋势，为承接国际产业转移做好准备

当前，国际上新能源、新材料、生物医药技术日趋成熟，随着高新技术产业规模的不断扩大，国际跨国企业为了降低研发成本，获取更高的利润，纷纷将包括新产品开发、中期试验等研发环节向低成本市场转移。以生物医药为例，当前许多国际医药巨头正在大幅削减研发开支，纷纷把新药开发中的非核心部分分离出来向发展中国家转移，而中国因为技术人才密集、研发成本低廉，成为国际医药巨头转移的首选地之一。据专家估计，目前全球生物医药研发外包市场总值约200亿美元，并以每年16%的速度增长，预计到2010年将达到360亿美元的规模。由此可见，世界生物制药产业国际转移的空间是十分巨大的。做好国际产业转移承接，首先应紧密跟踪世界高新技术的发展趋势，及时了解和掌握最新科技动态，根据不断变化的发展趋势，科学制定我们的对策。其次，应加强科技情报研究工作，做好信息情报工作是做好国际产业转移承接的基础与前提，只有做到知己知彼，才能使内蒙古高

新技术产业发展真正实现科学、健康、可持续发展。最后，要进一步加大信息情报工作投入，逐步建立我区职责明确、体系完善、队伍稳定的信息情报系统。同时，整合目前我区各类信息情报机构，统筹情报研究、实现信息共享。

（二）从抢抓机遇的战略高度，进一步做好内蒙古中长期发展规划

科学制定内蒙古中长期发展规划，对于内蒙古未来的发展具有重要的战略意义。特别是对于内蒙古如何抓住下一轮科技革命的发展机遇，积极承接国际产业转移，实现发展方式的根本转变具有十分重要的指导作用。搞好我区中长期发展规划工作，要坚持以科学发展观为指导，根据我区经济社会未来发展的客观要求，科学把握我区未来经济社会的发展方向。同时，针对当今科学技术发展日新月异，科学发现与技术创新向现实生产力转移速度明显加快、周期大为缩短的时代特征，准确把握科学技术发展的总体态势，在立足区情、国情、世界情的前提下，科学规划，适度前瞻，动态调整，不断更新。要充分考虑未来我区对外开放的环境变化，立足国际科技合作与竞争，充分利用世界科技创新资源。充分发挥市场对于技术创新以及产业化的基础作用以及企业在竞争领域的主体作用，重点突破对我区当前和未来发展至关重要的重大科技攻关和关键产业领域，确定突破方向，建设若干科技创新基础设施平台和产业基地，增强内蒙古自主创新能力和可持续发展能力。

（三）适时实施内蒙古创新型发展战略

实施创新型发展战略就是要坚持科学发展观，抓住将要到来的世界技术革命浪潮，把科技创新作为应对金融危机的当务之急和促进内蒙古长远科学发展的根本，注重发挥科技创新对经济发展的引领支撑作用，加大对科技进步与自主创新投入，加快科技成果转化应用，引导和支持创新要素企业集聚，加强创新人才队伍和创新文化建设，加快区位优势、资源优势向开放优势、经济优势转变。逐步实现内蒙古经济增长方式由要素投入拉动型向科技创新驱动型的转变。实施内蒙古创新型发展战略，一是要进一步增强自主创新能力，着力突破重大关键技术和共性技术，支撑经济社会的持续协调发展。以国家科技支撑计划和自治区重大科技专项为依托，组织实施一批重大科技项目，形成一系列技术突破，实现内蒙古可持续协调发展。二是要加快内蒙古科技创新体制建设，通过实施"科技名牌"、"技术标准"、"知识产权"战略，以及人才聚集、民生科技、节能减排、新农村建设四大科技行动，为内蒙古自主创新营造良好的外部环境。三是积极实施创新内蒙古区域示范项目、技术创新引导示范项目、技术创新平台建设以及科技中介服务体系等系统工程建设，全面提升自治区企业的自主创新能力和本地区的竞争能力，使科技真正成为自治区经济社会腾飞的助推器。

（四）营造良好的开发环境，做好技术引进和产业转化工作

进一步完善内蒙古对外开放政策体系，不断拓展对外开放广度和深度，积极创建富有吸引力的开放优势，提高我区对外开放质量和水平，吸引更多生产要素参与内蒙古开发与建设；加强投资创业环境建设，充分利用我区资源禀赋好、要素成本低等有利条件，努力打造商务成本洼地、要素聚集高地、投资兴业宝地，增强我区区域经济发展的吸引力和凝聚力，力争做到硬环境更硬，软环境更优。

（五）加快技术创新平台建设，力争在技术创新、知识创新和创新人才培育上实现新的突破

根据内蒙古的资源特色和产业优势，重点建设羊绒、乳品、稀土产业、煤液化、煤气化等国家级研发中心以及新材料、可再生能源的工程中心。通过建设具有世界领先水平的技术创新平台，总体提升全区科技创新能力，使我区企业的自主创新能力得到明显增强，科技进步综合水平在全国的位次有较大前移。同时，积极开展科技人才培养和高级科技人才的引进工作，科学制定未来我区科技人才培养与引进的总体目标，为建设创新型内蒙古做好技术储备和人才支撑。

（杭栓柱、祖刚、董淑彦）

加强矿产资源开发管理，促进我区
矿业经济健康有序发展

——滇黔桂矿产资源开发及管理调研报告

云南、贵州、广西是我国矿产资源富集地区，矿产资源开发及加工业在当地经济发展中具有重要地位，同时三省区也在矿产资源开发及其管理，矿山环境保护与治理方面做出了许多有益的探索并取得了显著成效。我区作为资源大区，近几年矿业经济快速发展，对经济增长的贡献日益加大，但发展中也出现了诸如开发无序、利益不公、生态破坏等一系列问题。为了借鉴兄弟省区的先进做法和成功经验，研究制定我区矿业经济健康发展的政策体系，我中心组成调研组对三省区的矿产资源开发管理情况进行了专题调研。

一、滇黔桂矿产资源开发基本情况

滇黔桂矿产资源丰富，矿产种类齐全，区域特色明显。改革开放以来，三省区矿业经济迅速发展，产品产量明显增加，产业规模不断扩大，已经成为经济发展的支柱产业，带动了地区经济的快速发展。

（一）三省区矿产资源禀赋状况

云南省被誉为我国的"有色金属王国"。目前全省已发现矿产142种，占全国发现矿种（171种）的83%。已探明储量92种，有54种矿产保有储量居全国前十位，有25种金属和非金属矿产保有储量排在全国前三位。有色金属是云南最大的矿产优势，铅、锌、铟、铊、镉的保有储量居全国第一位，锡、银、锗、铂的保有储量居全国第二位。在能源矿产中，煤炭保有储量居全国第八位；化工原料矿产中，磷、盐、芒硝、砷、钾盐、硫铁矿、电石用灰岩、化肥用蛇纹岩等8种矿产的保有储量，居全国前十位。

贵州省是我国著名的矿产资源大省之一。目前全省已发现矿种125种，矿床、矿点3000余处，产地（矿区、矿段或井田）2553处。在已探明的储量矿产中，依据保有储量统一对比排位，贵州名列全国前十位的矿产达41种，其中排第一至第五位的有28种，居首位的达8种，列第二、第三位的分别为

8种与5种。优势矿种有煤、磷、铝土、汞、锑、金、锰、重晶石、硫铁矿、稀土、水泥原料、砖瓦原料以及各种用途的石灰岩、砂石和白云岩等。煤是贵州最重要的能源矿产，素以"江南煤海"著称，保有储量530亿吨，占全国总量的4.47%，仅次于山西、内蒙古、陕西、新疆，排在全国第五位、南方省区第一位；磷矿资源储量27.73亿吨，占全国总量的15.85%，居全国第二位；重稀土矿资源储量149.79万吨，占全国总量的47.93%，居全国第一位；重晶石保有储量1.19亿吨，占全国总量的30.65%，居全国第一位。

广西矿产资源丰富，集中度高，利于规模化开发，是我国有色金属和锰矿资源大省。目前已发现矿产145种，已查明资源储量矿产97种，约占全国已查明储量矿种（157种）的61.8%。发现各类矿床、矿点3400余处，查明资源储量的矿产地1583处。有色金属、黑色金属、贵金属、饰面石材保有资源储量大，是广西优势矿产。其中，锰、锑储量居全国第一，铝、锡、离子型稀土、水泥用石灰岩居全国第二位；重晶石、独居石居全国第三位；钨居全国第四位；锌、银、高岭土和滑石居全国第五位。

（二）三省区矿产资源开发利用及规模

云南省矿产资源的开发利用程度较高。在统计的矿产中，已开采利用的有62种，占矿种总数的74.70%，矿石年开采规模达2.6亿吨。全省有各类矿业企业达8866个，其中有云南冶金集团总公司、云南铜业集团、云南锡业公司、云南磷化工集团公司、云南铝业股份公司、云南建材集团公司、昆明钢铁公司等重点龙头企业7家。2007年，云南煤炭产量达7755.19万吨、磷矿石产量达1488.11万吨、铁矿产量达1847.94万吨、铜矿产量达24.83万吨，分别比2005年增长20%、39.6%、87.9%和87.1%。矿业的蓬勃发展，使矿业企业在行业中的地位迅速攀升，同时也促进了新材料等新兴产业的发展，有色金属业开始由单一的原料型产品向高附加值、高加工度产品方向发展。2005年，云锡集团排名世界锡行业第一位、云铜产量居全国第三位，云铝股份的铝工业居全国第四位，云南冶金集团的铅锌产量居全国第三位。目前，云南贵金属、半导体、有机及复合材料等一批新产品生产已形成一定规模，滇东北的锌、铅、锗，滇西北的铅、锌，滇南的个旧锡业，滇中的铜业，以及昆明的铝业等矿产基地已初步建成。

贵州矿产资源得到了广泛开发利用。在已探明储量的产地中，约有1/3被开发。开发矿产达50多种，形成一定规模的有20多种。全省共有矿山7461个，其中，大中型矿山117个，矿石生产规模达5.8亿吨。2007年，全省煤炭产量达10864万吨、磷矿石产量达1198.83万吨、电解铝产量达75.07

万吨、铁合金产量达 178.87 万吨、水泥产量达 1943.1 万吨，分别比 2000 年增长 200%、104%、180%、190% 和 150%。优势矿产资源的开发，带动了与之相关的采选业及后续冶炼加工业发展，使贵州成为全国十大有色金属的重要能源基地。目前，贵州煤炭、铝、磷、汞、锑、硫酸钡生产已形成一定规模，铝工业、磷化工业、锰系铁合金和硫酸钡生产基地已建成。优质磷矿石及磷加工产品销售国内 20 多个省市，汞出口量列全国第一位。

广西矿产资源开发历史悠久。目前，全区矿山 5235 座，其中，大型矿产 31 座、中型矿产 84 座，矿石生产规模 1.27 亿吨。2007 年，全区煤炭产量达 721.48 万吨、铁矿石产量达 146.70 万吨、氧化铝产量达 96.5 万吨、锰矿石产量达 178.58 万吨，分别比 2000 年增长 2.1%、114%、140% 和 50.5%。在矿业开发的同时，广西积极发展后续加工业。目前，百色—平果铝基地、大新锰业基地、南单大厂锡多金属基地、柳州—贵港水泥生产基地、象州重晶石基地、龙生滑石开发基地、合浦高岭土开发基地等 7 个矿业开发基地建设初步形成，并进一步向规模化、产业化方向发展。

（三）三省区矿业在经济发展中的地位及作用

云南经济发展对矿业及其加工业依赖程度高。2007 年，全省矿业产值达 2340.43 亿元，占工业总产值的 44.7%；完成工业增加值 562.33 亿元，占全省工业增加值的 32.9%；直接和间接从业人员 100 多万，约占全省第二产业就业人员的 50%。

贵州矿产资源的开发利用，对经济社会发展起着至关重要的作用。在全省四大支柱产业中，除烟草之外，其他三大支柱产业（能源、煤炭、有色金属）都是以矿产资源为支撑的。2007 年，贵州省规模以上矿业实现产值 796.14 亿元，占全省规模以上工业总产值的 31.6%；完成工业增加值 258.76 亿元，占规模以上工业增加值的 29.1%；实现利税 115.30 亿元，占规模以上工业利税的 28.6%；带动就业 33.21 万人，占第二产业就业人员的 15.5%。

广西矿业及其加工业在国民经济中处于重要地位。2007 年，全区规模以上矿业及其加工业实现产值 1345.21 亿元，占全区规模以上工业总产值的 29.3%，比 2000 年提高了 4 个百分点；完成工业增加值 443.98 亿元，占工业增加值的 29.2%，比 2000 年提高了 3.1 个百分点；实现利税 172.48 亿元，占全省财政收入的 24.5%，比 2000 年提高了 11.8 个百分点；带动就业 27.89 万人，占规模以上工业就业人员的 28%。

二、各地主要做法及经验

矿产资源开发业对三省区经济社会发展做出了巨大贡献，但在矿产资源开发业发展过程中，也曾经出现过与我区目前类似的利益分配不公、开发秩序混乱、生态环境恶化等一系列矛盾。为了协调利益关系、规范开发管理，建设和谐矿区，最大限度地弱化矛盾，促进矿区经济的可持续发展，各省区都在积极转变发展方式，树立"惜我资源、护我环境、利我地方、惠我民众"的开发理念，在认真落实国家有关政策精神的同时，积极创新工作思路，探索出许多值得借鉴的成功经验。

（一）加强规划引导，促进合理开发

为了促进矿产资源保护、勘查开发工作的合理布局和有序开发以及矿产资源开发业的规范发展，建立健全了矿产资源规划体系。如贵州省发布实施了《贵州省矿产资源总体规划（2000～2010年）》，《贵州省第二轮矿产资源规划》已编制完成并报国土资源部；全省9个市州地和25个重点矿业县均编制了本级矿产资源规划并发布实施；编制了铝土矿、磷矿、金矿、煤矿、铅锌矿、地热水等勘查与开发专项规划，其中《贵州省磷矿资源勘查与开发规划》、《贵州省金矿资源勘查与开发规划》、《贵州省矿山环境保护与治理规划》已经国土资源部批准；编制了盘县、水城、黔北、织纳4个煤炭国家规划矿区矿业权设置方案，并已报国土资源部审批。

（二）完善市场体系，优化资源配置

矿业权市场分为一级市场和二级市场。一级市场是指各级国土资源主管部门依据法定权限，通过审批、招标、拍卖、挂牌等形式，将探矿权、采矿权出让给矿业权申请人，具有垄断经营性质，矿业权呈纵向流通。二级市场则是指已经取得矿业权的单位和个人通过市场途径，将矿业权让渡给新矿业权人的各种社会关系的总和。二级市场即经营者之间的平行转移，表现为经营者之间的交易行为，具有经营性质，矿业权呈横向流通。

为了促进矿业权规范交易，云南省于2006年7月成立矿业权交易中心，截至2009年6月，先后开展一级市场出让项目29个，完成项目17个，征收矿业权价款1.3亿元。二级市场受理转让交易项目577个，完成交易369个，转让合同金额5.79亿元。为充分利用国际、国内"两种资源、两个市场"，发挥区位优势，提升云南矿业的国际化水平，云南以省矿业权交易中心为基础，组建了昆明（国际）矿业交易中心。同时还组建了云南省矿业投资有限公司，加快云南矿业资本运作步伐。

贵州省为了加强对矿业权市场的管理，于2006年经省政府批准成立了矿权储备交易局。该局属全额拨款事业单位，正式编制30人，挂靠省国土资源厅，该局的宗旨是为贵州省矿权储备、交易工作提供服务。业务范围主要为：管理政府出资矿业权资产，履行矿业权人职责，并负责保值增值；开展省内矿业权的收购、储备工作；承担省国土资源厅委托的矿业权的招标、拍卖、挂牌出让工作；建立健全矿业权市场交易体系，承担矿业权交易服务工作；负责地质勘查周转资金的管理工作等。该局对矿业权储备的资金主要是地方财政投入、资源补偿费、矿业权使用费和价款等。

（三）推进资源整合，规范开发秩序

云南省按照"一矿一主一权"原则（一个矿区、一个矿床只能由一个主体开发，只设置一个采矿许可证）、集中管理原则（重要矿产资源的探矿权和采矿权按法规规定由部、省国土资源管理部门统一发证管理）、优化配置原则（好资源配置给好企业，大资源配置给大企业）、加工升值原则（立足矿产品省内深加工升值为主，促使延伸产业链，使资源优势尽可能在云南转化为经济优势）、市场化原则。针对不同的资源及开发现状，分别采取不同的方式进行资源整合，并形成了三种成功模式：一是国有资产整体划转——锡资源整合的"个旧模式"；二是委托加工——铜资源整合的"迪庆模式"；三是赎买退出、引进战略投资者——铅锌资源整合的"兰坪模式"。

云南省在以上锡、铜、铅、锌资源整合模式基础上，又着重对磷、煤资源进行整顿和整合。通过国有资产划转、作价入股、收购等多种形式，将全省磷矿向省内外优势企业集中，加快培育世界级的磷肥制造企业，实现磷化工产业集约化和精细化发展；煤炭资源整合中，围绕电煤一体化、延伸煤炭产业链，建大改小，股份合作、省属企业和地方联合办大矿，重点压缩煤炭矿井数量，提高单井（矿）生产能力，强化安全生产管理和安全生产基础条件建设。改变单纯挖煤卖煤的传统经济增产方式，延伸煤炭产业链。

（四）加强税费征管，调控利益分配

矿业税费制度涉及国家集体个人、中央与地方、地方各级政府等多方面的利益分配，也是长期以来矿业秩序混乱的深层次原因之一。建立和完善矿业税费体系，是整顿和规范矿产资源勘查开发秩序急需解决的问题之一。三省区在税费征收方面均做了有益的探索，并取得了一定的成绩，除了落实国家精神建立矿山地质环境恢复治理保障金外，主要做法有：

（1）建立煤炭价格调节基金。贵州省作为"西电东送"和重要的火力发电基地，曾一度出现煤炭供不应求和煤价一度持续上涨的局面，在此背景下，为了保证"西电东送"，稳定煤炭价格，贵州省从 2004 年 5 月对境内所有煤炭生产企业开征了价格调节基金。基金的主要使用方向为：一是不低于征收金额的 50% 用于平抑市场煤炭价格；二是用于矿区经济结构调整和后续非煤产业发展；三是用于矿区地质灾害治理和煤矿安全生产补欠；四是经省人民政府批准的其他用途，如百姓的烧煤补贴等。

（2）建立矿产资源有偿使用费。为了促进矿资源的合理开发和有效保护，云南省制定了《云南省矿产资源有偿使用费征收和使用管理暂行办法》。2007 年全省征收矿产资源有偿使用费 5.67 亿元。矿产资源有偿使用费的征收，一是鼓励先进技术和循环经济的发展。对于采用先进技术开采低品位、难开采、难选冶的矿产资源和对尾矿或废石（矸石）进行二次开发利用的，减缴矿产资源有偿使用费。二是矿产资源使用费的分配更多倾向于矿产资源开发地。由省财政部门会同省国土资源行政主管部门根据矿山企业所在地属地化原则进行统计汇总矿产资源有偿使用费后，按照省 30%、州（市）20%、县（市、区）50% 的比例进行分流和返还。三是使用方向主要用于可持续发展方面。按照收支两条线的预算管理原则，矿产资源有偿使用费支出列入同级财政支出预算，专项用于矿产资源勘查（50%）、矿产资源保护支出（40%）和管理性支出（10%），不得挪作他用。

（五）创新用地方式，构建和谐矿区

平果铝是中国铝业的骨干成员单位，也是广西"千亿元铝产业工程"的龙头企业。1999 年以前，平果铝的生产及建设用地以征地划拨方式取得，新土地法实施后，以征地出让方式取得。征地费用对企业来说是一笔十分高昂的成本，而且采矿之后的土地也只能作为国有资产留在企业手中，成为负担。对于农民来说，只得到了一笔补偿费用，面临着失地后的生计问题。经过当地政府的积极争取，2005 年 7 月 1 日国土资源部同意在平果铝土矿设立采矿用地方式改革试点，由原来的征收方式改革为临时用地的方式供地。试点主要内容是将采矿用地中可复垦的耕地、其他农用地及未利用地改为以征用采矿临时用地的方式供地，采矿后复垦还地，不改变农村集体土地所有权性质。2007 年 3 月，自治区国土资源厅在平果县召开了试点专题工作会议，根据《土地管理法》第二条"国家为了公共利益的需要，可以依法对土地实行征收或者征用并给予补偿"的规定，明确将平果铝土矿采矿"临时用地"界定为"征用采矿临时用地"。"征用"就意味着带有一定强制性，且第一步必须是政府部门从村集体手中拿地，第二步再供给企业使用。这一试点的设立既解决了农民失地问题，同时也减轻了企业负担，实现了双赢。

（六）发展行业协会，完善矿业管理

贵州省都匀市牛角塘矿区是一个中型有色金属矿山。过去矿区内采矿秩序极为混乱，并长期不能得到有效制止。1999 年，根据该矿区的实际情况和矿区内业主的要求，在该州、市国土资源主管部门的指导下，由该矿区内 13 个小矿业主发起，成立了都匀市锌矿采选协会。协会是该锌矿区内业主自律性组织，在矿产资源开发秩序整顿和日常管理中发挥了特殊的作用，起到了政府管理部门起不到的积极作用。协会真正成为政府与企业的纽带和桥梁，维护业主自身权益，改变了过去业主各自单独到一个个相关部门去跑的状态；同时，协会在处理企业与地方、周边农民利益关系方面，通常直接协调解决，改变了过去凡事都要政府介入的情况。目前牛角塘矿区已改变开采无序、管理混乱、浪费严重的现象，成为该市矿产资源开发秩序整顿和矿山环境恢复治理方面成效较为显著的范例。

三、对自治区的启示及借鉴

（一）规划引导有序开发

加强矿产资源规划体系建设。组织编制实施自治区、市、旗县级矿产资源总体规划，以及矿产资源勘查开发重点矿种、重点领域的专项规划和区域规划，逐级落实规划主要任务、指标、分区和政策。重要矿种、重点矿区、大中型矿产地实行统一规划和管理，充分发挥规划对资源配置的统筹和调控作用。规划编制要与国民经济和社会发展规划、主体功能区规划、土地利用总体规划、环境保护规划等相互衔接。加强矿产资源规划的统一协调和管理。下级规划必须服从上级规划，专项规划和区域规划的编制、审批和实施，必须以总体规划为依据。

（二）建章立制规范管理

近年来，内蒙古矿产资源开发工作取得显著成效，为经济持续快速健康发展做出了巨大贡献。但是随着工业化、城镇化进程加快，矿产资源供求矛盾日益尖锐，矿产资源开发秩序混乱情况较严重。内蒙古矿产资源的大规模开发开始于 2002 年，起步相对较晚，且处于矿产资源需求的井喷时期，因此矿产资源管理体系尚不健全，不能与当前发展相适应，从而在矿产资源开发和发展过程中产生了无证勘查开采，越权审批矿业权，矿山开发中浪费资源、破坏环境等一系列的矛盾和问题。因此，我区应加快建章立制步伐，健全和完善矿产资源管理制度，扎实做好资源规划、矿业权管理、监督检查和政策制定方面的工作。

（三）创新思路多措并举

创新发展是三省区矿产资源开发管理取得新成效的根本动力。如广西把平果铝土矿从剥离、采矿、复垦，其周期一般为2～4年的实际与《土地管理法》以及《自治区实施〈土地管理法〉办法》中的第四十八条关于"企业采矿、取土占用土地不超过3年的，经自治区政府批准，可参照临时使用土地的规定办理用地手续"的规定相结合，创新了采矿用地方式；云南磷化集团有限公司《昆阳磷矿采空区复土植被试验研究》开创了我国缓倾斜薄矿体复垦研究工作的先例；贵州成立全国首家矿权储备交易局，这些无一不是创新的结果。因此，我区也应结合当地实际，打破传统思维和常规方式，用创新的思维运筹发展新思路，用创新的方法开辟发展新路径。

（1）培育矿业权市场体系建设。规范发展矿业权二级市场，完善矿业权交易中心。由于我区属矿业大省区，可以成立独立的矿业权市场中介机构。要大力健全各种矿业权市场的专业中介机构，根据专业中介机构的技术力量，可以成立综合性的矿业中介服务机构，服务于矿业权交易的各个环节，或者是专业性的中介机构，服务于其中一个或几个环节。加强矿业权转让管理，制止转让过程中牟取暴利的行为。

（2）完善矿产资源开发利益分配机制。健全矿产资源有偿使用制度，包括矿业权有偿取得和矿产资源有偿开采。矿业权有偿使用的收入要更多地向地方、向基层、向农村、向社会事业倾斜，主要用于改善人民群众的生产生活条件，以促进我区矿业经济发展更多的"利我地方、惠我民生"。

（3）推进科技创新和重大工程实施。积极扶持和引导矿山企业研究开发、引进和应用先进的采选技术，提高解决资源问题的科技支撑能力。积极发展矿山地质环境监测、保护与恢复治理技术。优选实施一批基础条件较好、潜力较大、带动力强的矿产资源保障和保护工程。

（胡德、赵云平、李靖靖、韩淑梅）

把建设内蒙古能源重化工业基地
上升为国家战略的思考

改革开放以来，我国实施了沿海地区率先发展的非均衡发展战略，优先在沿海地区布局了一批重化工业项目。近年来，东部部分省市再一次提出工业"重型化"或"适度重型化"战略，纷纷扩大能源、化工、装备制造、汽车、冶金等重化工业规模，造成能源资源和环境问题日益突出，对西部地区能源资源的依赖度不断提高，成为国家生产力布局的突出问题。

我们认为，我国现有的能源重化工业布局不利于我国经济的可持续发展，应从国家战略的高度，按照推进新型工业化战略的要求，把内蒙古等资源富集地区作为我国能源重化工业发展的重点区域，通过政策引导和重大项目布局，推动内蒙古成为我国重要的重化工业基地。

一、我国现有重化工业布局存在的缺陷

（一）现有的重化工业布局导致能源供需格局呈"逆向分布"

在现有生产力布局下，东部地区和东北地区成为能源净输入区域，西部地区成为主要能源输出区域，形成了能源生产和消费空间显著分离的格局。2007年，东部地区煤炭、原油、天然气产量和发电量分别占全国的11%、37%、13%和43%，而同期煤炭、原油、天然气消费量和用电量分别占全国的38%、50%、36%和50%。依靠消耗大量能源资源推动经济快速增长，直接导致东部地区逐渐陷入能源资源困境，甚至接近资源约束边界。长三角、珠三角、环渤海地区能源缺口进一步扩大，不可避免地出现"北煤南运、北油南运、西气东输、西电东送"的能源流向格局，能源供需区域呈现越来越严重的"逆向分布"。同时，也难以缓解全国性的煤电油运紧张局面，导致煤荒、电荒周期性频发。

（二）现有的重化工业布局导致资源的巨大浪费

从西部地区向东部地区输入能源资源，必然增加运输成本，消耗大量的资源，降低资源配置效率，不符合建设资源节约型社会的要求。

能源资源的输入输出，直接造成运力的紧张。2007 年煤炭占国家铁路货运总量的 47%，直接挤占了其他物资的运输。为缓解运力紧张局面，只能大规模建设铁路、公路，形成"面多加水，水多加面"的运输发展模式。同时，必然占用大量的土地甚至耕地，这对保障国家 18 亿亩耕地"红线"形成严重的压力。

为保障能源资源的运输畅通，必然要增加大量的投资。我国修建的"北油南运、西油东运、西气东输"原油管道达 1.7 万公里、天然气管道达 3.2 万公里。我国西部修建的 4000 公里原油和成品油管道，耗费资金近 146 亿元。如果能源消费维持现有格局，2020 年之前需要再修建 7 条大秦线以及相应的港口来运输分布在中西部地区的煤炭。

能源资源的输入输出，导致能源使用成本增加。以煤炭运输为例，按铁路运价 0.15 元/吨公里计算，将准格尔煤炭运到秦皇岛，每吨煤平均运输成本近百元，比坑口煤价增加了一半多；按公路运费 0.5～0.6 元/吨公里，运输半径 300 公里计算，每吨煤运输费用高达 150～160 元，比坑口煤价高两倍。受煤炭高额运输成本影响，华北地区发电成本比内蒙古就地发电每度高 0.083～0.143 元。汽车远距离运煤耗费了大量汽、柴油，相当于用高端能源换取低端能源。如果再考虑运输过程中的损耗，则代价更高。

（三）现有重化工业布局导致东部沿海地区资源环境承载力构成巨大压力

近年来，东部地区大量燃烧煤炭导致了严重的大气污染。2005 年全国出现酸雨问题的 298 个城市中，绝大部分在东部。东部单位国土面积的二氧化硫排放量是西部的 5.2 倍，燃煤电厂单位二氧化硫排放造成的经济损失是西部的 4.5 倍。目前，华东地区、华中东部四省、京津冀及沿海地区的广东省已基本没有剩余大气环境容量。

发展火电保障重化工业的能源需求，排放大量的粉煤灰，堆放粉煤灰占用了大量的土地资源。按全国平均水平推算，每增加 1 万千瓦火电装机，将增加粉煤灰排放量近万吨，每堆放万吨粉煤灰需占地 6 亩左右。在东部地区土地承载力远远低于西部地区的前提下，继续发展重化工业，对于寸土寸金的东部地区，无疑是不现实的选择。

（四）现有重化工业布局不符合国家推进形成主体功能区的要求

"长三角"、"珠三角"等沿海地区是国土开发密度较高、资源环境承载能力开始减弱的区域。如佛山和东莞的开发强度已近 40%，深圳为 36%，远远高于西部地区。按照推进形成主体功能区的要求，上述地区作为优化开发区域，要把提高增长质量和效益放在首位，提升参与全球分工与竞争的层次，率先提高自主创新能力，率先实现经济结构优化升级和发展方式。因此，东部发展占地多、消耗高的能源重化工业是不符合其主体功能定位的。

二、把建设内蒙古能源重化工业基地上升为国家战略，是克服现有重化工业布局缺陷的重要选择

（一）建设内蒙古能源重化工业基地，可以充分利用丰富的资源

内蒙古已探明煤炭储量占全国的近一半，居全国第一位；已探明石油储量达 7 亿吨；稀土储量居世界首位；苏格里气田探明储量达 7000 多亿立方米，属世界级大气田。已查明 10 种有色金属矿产资源储量达 2539.45 万吨，其中铜、铅、锌、钨、钼矿查明资源储量分别居全国第四位、第二位、第二位、第十位、第六位。例如，赤（峰）—通（辽）和海（拉尔）—满（洲里）经济带煤炭、有色金属资源比较丰富，拥有大兴安岭成矿带和得尔布干有色金属成矿带，伊敏、宝日希勒、大雁等大型煤田，可以积极发展能源、化工、有色金属冶炼等产业，建设成为国家重要的能源化工和有色金属冶炼基地。同时，内蒙古可以发挥毗邻资源富集的俄蒙地区的区位优势，积极开展资源合作开发和利用，有效提高我国能源重化工业的资源保障程度。

（二）建设内蒙古能源重化工业基地，可以缓解能源资源运输压力和降低运输成本

从全国来看，北电南送 1 亿千瓦，每年可以减少东部地区煤炭消耗和铁路运输量 2.5 亿吨。从内蒙古来看，2007 年内蒙古外运煤炭 2 亿吨，按大秦铁路 653 公里路段和 0.12 元/吨公里运价计算，每吨煤的运价为 78.36 元，少运 2 亿吨煤可以减少 156.72 亿元的运输成本。

（三）建设内蒙古能源重化工业基地，可以提高资源利用效率

实现资源就地转化，可以提高资源的综合利用水平。以准格尔煤田为例，原煤中氧化铝含量达到 9%～13%，粉煤灰中氧化铝含量高达 40%～51%，相当于中级品位的铝土矿。准格尔煤田已探明储量 264 亿吨，高铝粉煤灰潜在储量 70 亿吨，相当于我国铝土矿资源保有储量的 3 倍。实施粉煤灰提取氧化铝，可以大幅度地替代进口铝土矿和氧化铝，有效地缓解我国铝资源供求矛盾。按 2007 年准格尔煤田 1 亿吨开采量计算，理论上可产生高铝粉煤灰 3000 万吨，如果全部转化利用可提取氧化铝 1200 万吨，相当于 2007 年我国氧化铝消费量的 50%。外运其他地区发电产生约 2000 万吨粉煤灰，因分散掺烧而失去了应有的经济价值，相当于每年浪费掉 700 多万吨氧化铝，比 2008 年我国进口量还多 241 万吨。若按每吨氧化铝进口价格 3000 元计算，每年废

弃高铝粉煤灰造成的经济损失高达 200 亿元以上。

实现能源资源就地转化，可以减少煤炭损失。通过铁路、公路运输，煤炭损耗约为 0.8%~1%，按每吨煤运输一次计算，2007 年全国可减少煤炭运输损失 1700 万吨。若就地进行加工转化，煤转电可增值 2 倍，煤制甲醇可增值约 4 倍，煤制油可增值 8~12 倍。

（四）建设内蒙古能源重化工业基地，可以充分发挥环境容量优势

内蒙古地域广阔，人口较少，拥有大面积的戈壁、沙漠，环境容量大。土地面积占全国的 12.5%，经济总量占全国的 2%，而二氧化碳排放量仅占 5%，相对于国土面积来说，排污量比较小。在内蒙古优先布局重化工业项目，可以发挥环境容量优势，缓解东部地区的环境压力。以"北电南送"为例，送出 1 亿千瓦，可以使东部地区少排二氧化硫 326 万吨、氮氧化物 73 万吨、二氧化碳 1.4 亿吨。

（五）建设内蒙古能源重化工业基地，可以发挥现有产业优势

近年来，内蒙古积极承接发达地区产业转移，引进和培育了一批全国知名的龙头企业，基本形成了以神华、华能、伊泰等为龙头的煤电、煤化工产业链；以内蒙古一机、北方重工等为龙头的装备制造产业链；以赤峰、金峰铜业等为龙头的有色金属产业链；以东方希望铝、包头铝业等为龙头的铝产业链；以乌兰水泥、西水等为龙头的建材产业链。这些龙头企业已经形成 30 亿元以上的资产规模，市场竞争力不断提高，奠定了坚实的能源重化工业发展基础。

因此，从我国经济的可持续发展出发，亟须按照推进形成主体功能区的要求，顺应生产力布局演变趋势，遵循能源重化工产业布局规律，优先在内蒙古等能源资源富集区布局重化工业，建设国家重要的能源重化工业基地。

三、建设内蒙古能源重化工业基地的几点建议

（1）在国家新一轮产业政策调整时，通过制定产业布局及发展的法律法规，明晰东部和西部地区的重化工业布局和产业发展方向，提高东部地区发展重化工业的准入门槛，向西部地区倾斜，给予内蒙古等西部地区更宽松的重化工产业准入政策，鼓励和支持其发展资源加工型产业项目。

（2）国家应高度重视内蒙古的资源优势和战略地位，把建设内蒙古能源重化工业基地上升为国家战略。要发挥其能矿资源丰富、水资源保障程度高、环境承载能力强等优势，积极支持内蒙古发展能源、装备制造、化工、冶金等产业，打造成为国家重要的能源、重化学工业基地、稀土高新技术产业基

地，我国北方重要的冶金、装备制造业基地。

（3）国家应通过制定扶持重化工业发展的区域差别财税政策，引导企业、资金、人才进入内蒙古等西部地区，使其成为能源、资本等要素流入的"政策洼地"；通过实施差别的土地政策，对利用荒地、戈壁、沙漠等需要治理的土地发展重化工业项目，放宽土地使用限制；加快设立西部重化工业引导资金，支持内蒙古等西部地区做大做强重化工业规模，发挥辐射带动作用。

（4）考虑到内蒙古等能源资源富集地区既是我国环境保护的重要区域，也是我国资源能源的战略基地，要本着"统筹规划、科学合理、循环利用、综合治理"的原则，针对能源、化工、冶炼等高耗能、高污染行业，划定区域，积极延伸循环经济产业链条，建设一批循环经济示范园区，全面提高资源的综合利用水平，打造成为现代化的重化工业循环经济示范基地。

（杭栓柱、朱晓俊、张永军）

关于我区对非煤矿产资源开发开征
水土流失补偿费的建议

　　2009 年，陕西省在开征煤炭价格调节基金的基础上，又出台了《煤炭石油天然气开采水土流失补偿费征收使用管理办法》，目的是加强矿产资源开发管理，筹集生态环境建设资金，促进人与自然协调发展。我区是资源大区，随着资源开发规模的扩大，同样面临着资源开发造成水土流失加剧等一系列问题。借鉴陕西省经验，我们认为在我区开征非煤矿产资源开发水土流失补偿费具有十分重要的意义。

一、我区开征水土流失补偿费的必要性

（一）筹集水土流失治理资金的重要渠道

　　我区生态环境脆弱，水土流失严重，是全国水土流失面积第二大省区。改革开放以来，我区把生态建设作为最大的基础建设来抓，加大投资力度，有计划地开展水土流失治理，先后开展了国家八片重点治理、黄河流域水土保持重点治理、黄土高原世界银行水土保持贷款项目、京津风沙源工程项目、东北黑土区水土流失防治等水土保持工程，累计投资 27.99 亿元，全区水土流失治理取得了积极成效。截至 2007 年底，全区累计水土流失治理面积 9.9 万平方公里，占全区水土流失面积的 12.5%。总体来看，我区水土流失得到了初步控制，但近年来，能源、矿产资源的大规模开发在带动我区经济快速发展的同时，也客观地加剧了我区局部地区水土流失的趋势。如神府东胜矿区新开发区因矿产开发，每年水土流失量由原来的 3144 万吨增加到 4735 万吨。鄂尔多斯市东胜区、达拉特旗、准格尔旗、伊金霍洛旗，受矿产开发影响，该区域每年向黄河输沙量达 1 亿多吨。据 2002 年第二次遥感监测，全区水土流失面积仍达 79.25 万平方公里，占自治区国土面积的 67%。目前我区仅完成治理面积的 12.5%，防治任务十分艰巨。

　　近年来，国家和我区虽然加大了对水土流失治理的投入，但建设规模远远不能满足实际需要。即使按照目前较低的投入标准，完成治理任务至少还

需要 200 亿元以上治理资金。我区地方可用财力有限，加之承担的建设任务巨大，水土流失治理投资缺口很大。另外，近几年国家投入生态建设的资金主要依靠国债支撑，随着我国财政政策从积极型逐步向稳健型过渡，国债投资的规模将进一步压缩，生态建设的后续投入资金问题更为突出。

因此，按照"谁开发、谁保护，谁污染、谁治理，谁破坏、谁恢复"的原则，及时建立和实施水土流失补偿机制，可有效地增加我区水土治理资金，促进我区人与自然的和谐发展。

（二）调整矿业开发利益分配的主要途径

矿产资源的外部不经济性，是指矿山企业在开采和加工矿产资源的过程中，不可避免地会对生态和环境造成负面影响。按照经济学原理和世界通行的规则，对于这种外部不经济效应的治理成本应当内化为企业的生产成本，让污染和损害者为经济行为的不经济性"买单"，促使矿产品价格体现生态环境的价值，而征收生态补偿费是一种使外部性内部化的主要经济手段。

长期以来，我区对资源的开发一般都是采取行政划拨，基本未考虑环境资源的生态价值。同时在计算企业生产成本时，仅包括企业开发成本和管理成本，忽视了生产对生态环境的损害成本，矿山企业的生态环境补偿与修复费没有纳入矿山企业成本，导致企业在资源廉价条件下，盲目追逐超额利润加速对资源开采，人为造成新的水土流失和生态环境的严重破坏。

建立水土流失补偿机制，使环境资源价值内化为企业生产成本的组成部分，将有力地约束资源开发主体对资源的浪费开采和对生态环境功能的损害，有利于促进资源合理开发和生态环境保护的双赢，实现资源环境可持续发展。

（三）完善和规范我区生态补偿机制的有效手段

20 世纪 90 年代开始，我区对建立生态环境补偿机制进行了积极探索和实践。1994 年，自治区出台了《内蒙古自治区矿产资源补偿费征收管理实施办法》，首次开始征收矿产资源补偿费。1995 年，自治区出台了《内蒙古自治区水土流失防治费征收使用管理办法》，对企事业单位专项开展水土流失防治费征收，办法规定资金的 85% 专项用于水土流失的治理。2009 年，自治区出台了《内蒙古自治区煤炭价格调节基金征收使用管理办法》，明确了基金重点用于平抑市场物价，矿区环境和生态恢复治理、困难煤矿和煤矿老企业的技术改造和社会保障补助、矿区煤炭资源枯竭矿区转产补助等 11 个方面。

各地区在建立生态环境补偿机制方面也出台了相关政策性文件。鄂尔多斯市东胜区制定了《东胜区矿区综合治理办法》，办法对矿区水位下降、人畜饮水困难、各种水利设施受到影响等方面制定了详细补偿标准。伊金霍洛旗出台了《煤炭开采补偿基金实施方案》，按照每吨煤2元的标准收取矿区生态补偿费，并规定40%用于解决矿区水土流失、土壤沙化和"三废"污染等环境问题，60%用于建设公益项目和当地群众缴纳医疗养老保险。准格尔旗制定了《矿区环境治理的办法》，规定从旗财政集中的维简费中每吨提取0.05元、从返还煤矿的维简费中每吨提取0.05元，资金专项用于全旗火区管理、关闭矿井塌陷区治理和采空区居民搬迁补偿等。

上述办法实施，对于解决我区生态环境治理资金短缺，推进生态环境建设进程发挥了重要作用，但从执行效果看，还存在一些不完善的方面：一是征收标准低。没有根据自然环境资源的价值以及开发活动的损失为基础制定征收费率，标准偏低，从而难以激励开发者珍惜自然资源，保护生态环境。如1995年制定的水土流失治理费按采挖面积，每平方米一次性缴纳0.3～0.4元，而全国最高已达每平方米5元，贵州省每平方米2元。二是征收范围小。我区矿产开发涉及煤炭、石油、天然气、盐碱等非煤炭行业。目前针对煤炭开发出台了《内蒙古自治区煤炭价格调节基金征收使用管理办法》，保证了煤炭开采生态环境恢复治理补偿金征收。但非煤矿产资源开采生态补偿费尚未全面征收，特别是针对资源开发地区水土流失补偿费还没有具体的征收办法，致使治理资金存在较大缺口。三是征收管理机制不健全。各地区自定政策，分头征收建设，补偿标准不统一，资金使用不一致，造成整个资金征管过程缺乏整体性和协调性，且由于缺乏有效的监管，各部门征收相应的费用没有完全用于相应的生态保护和补偿。

基于上述问题，必须尽快在全区建立合理、统一的水土流失补偿机制。

二、我区建立统一的水土流失补偿机制的主要思路

综上分析，针对我区水土流失治理任务重，所需治理资金缺口大，而现行的水土流失治理征收办法已不适应新形势的客观实际，有必要全区统一开征水土流失补偿费。为此，建议自治区尽快研究制定水土流失补偿费征收管理办法，并在办法中关注如下几方面问题：

（1）合理界定征收范围。目前，自治区针对煤炭开采出台了煤炭价格调节基金征收办法，并明确部分基金用于矿区环境和生态恢复治理。为了不过重增加企业负担，建议水土流失补偿费征收范围确定为非煤矿产资源开发行业，具体包括石油、天然气、有色金属及盐碱等非金属矿。

（2）科学制定征收标准。为使征费科学合理，建议在制定标准时充分考虑如下三方面的因素：一是补偿费核算要将生态保护者的投入和机会成本的

损失、生态受益者的获利、生态破坏的恢复成本、生态系统的服务价值等四方面纳入补偿费标准的计算中；二是为使征费能真实反映资源价值，建议按照从价计征方法征收；三是对石油、天然气、有色金属等不同资源分别制定标准。

根据上述几方面因素和计算，综合考虑现阶段经济发展水平、资源价格，统筹确定当前的补偿标准，并根据矿产品市场价格波动情况，建议2~3年进行一次动态调整。

（3）严格基金使用方向。为确保补偿费专款专用，补偿费要严格按照"规划先行、统筹安排、分级管理、专款专用、国库集中支付"的原则使用。主要用于水土流失预防保护、重点治理、生态修复及沉陷区治理等项目投资；水土保持项目的配套和补助资金；水土流失补偿费征管工作业务经费；自治区确定的与水土保持生态环境治理有关的其他支出。具体支出使用方案由水土保持行政主管部门会同同级财政部门共同上报项目投资计划，并报自治区人民政府备案。

（4）规范基金管理程序。为了提高工作效率，确保补偿费及时征缴和合理使用，建议在水土保持行政部门设立由财政、发改委、税务、环保、林业、审计、工商等单位组成的补偿费管理小组办公室，具体负责研究解决补偿费征收管理中的重大问题，并积极配合、协助地税机关开展基金的征收管理工作。同时，建立一个由专家组成的技术咨询委员会，负责相关政策和技术咨询。

（赵云平、韩淑梅）

战后日本经济高速增长期的环保状况、政策及对我区的启示

近年来，内蒙古已成为我国经济增长最快的省份之一，但经济的高速增长与资源环境的矛盾日渐突出，并严重影响着我区经济社会的可持续发展。特别是作为资源依赖型经济的内蒙古，随着城市化的加快，产业污染和城市生活污染问题同时出现，使我区的环境治理工作更趋复杂化。在日本 20 世纪 50 年代中期到 1972 年的经济高速成长期，其产业污染程度更加严重，发生了一系列环境污染事件。日本政府在治理这些污染的过程中出台的政策、法规，以及社会公共团体、普通民众所进行的抗议、申诉等维权运动，对我区现阶段的环境治理有着十分重要的警示与借鉴意义。

一、战后日本经济高速增长期的产业污染状况（1950～1972 年）

（一）社会经济发展状况

日本在 1956 年加入联合国之后，其战后经济进入了高速发展时期。1959年，东京的首都高架快速公路全线开通，次年《国民收入成倍增长计划》出台，之后又出台了《全国综合开发计划》。在这些有力政策的推动下，日本由"神武景气"时代进入了"岩户景气"时代。1964 年东京奥林匹克运动会成功的举办，更加刺激了日本经济的发展。1968 年，日本的国民收入总值跃居世界第二位，并于 1970 年成功举办了大阪世界博览会。在由"奥林匹克景气"进入到"伊奘诺景气"时代之后，日本社会小轿车拥有量已经突破了10000 万台。1972 年《日本列岛改造论》发表之后，日本经济开始了由高速增长期向稳定成长期的过渡。

（二）环境污染状况

在经济高速发展期，日本对追赶欧美趋之若鹜，发展重工业和化学工业，跨入世界经济大国行列成为全体日本国民的兴奋点。然而，日本人在陶醉于日渐成为东方经济大国的同时，却没有多少人想到破坏环境将带来的灭顶之灾。正是由于这种急功近利的态度，20 世纪初期发生的世界 8 件重大公害事

件中，日本就占了4件，可见日本当时环境问题的严重性。

1. 重金属污染

部分化学企业为了追求利润，节约生产成本，在不进行处理的情况下，将含有重金属的生产废水排入河流，严重污染了附近地区的水源、鱼类、农作物，最终导致该地区大量居民患上神经系统疾病。例如，20世纪60年代，在日本富山县神通河流域的部分镉污染地区发生的"痛痛病"，该病与三井矿业公司设在神通河流域的神冈炼锌厂所排放的含镉废水有关。另外还有水俣病（Minamata Disease），俗称"有机汞中毒"。20世纪50年代，日本九州水俣市的氮肥厂排出的含汞废水将海水污染，导致水俣湾附近渔村陆续出现神经系统疾病患者。1965年5月在日本新潟县阿贺野河流域也发现了甲基汞中毒病例，原因也是化学工厂（昭和电工公司鹿濑工厂）将大量含汞的废液排入阿贺野河中所致。20世纪70年代，中国在东北松花江中、下游地区的渔民中也曾发现过类似病例。

2. 水体污染

与个别企业排污而引起的重金属污染不同的是，多家企业排污而导致大面积水体污染的危害更为严重，影响范围更加广泛。1951年，静冈县田子湾港口附近的多家造纸厂，将大量未经处理的纸浆水排入港口，随着港内污泥逐渐堆积，致使港口趋于瘫痪。同时，从污泥里产生的硫化氢严重影响着附近居民的身体健康，并且威胁着港口外海域的优质鱼场。随着大量工厂将生产污水排入日本近海，1965年以后，红潮发生水域不断扩大，发生次数增多，持续时间明显延长。1970年，红潮的发生已经波及了濑户内海、伊势湾和东京湾等内海水域。这些水域养殖的大量鱼类和贝类缺氧而死，继而导致渔业受到很大的损害。

3. 食品安全

在经济高速成长期，个别食品生产厂家由于片面地追求发展，而严重忽略了食品生产的安全管理。1968年，日本九州的食用油厂在生产米糠油时，因管理不善，操作失误，致使米糠油中混入了在脱臭工艺中使用的热载体多氯联苯（PCB），造成食物油污染。这一事件的发生在当时震惊了世界。多氯联苯（PCB）中毒使日本遭遇到一场新的灾难，所以日本的米糠油事件又称"多氯联苯污染事件"。

4. 大气污染

从工厂、汽车等污染源排出的氮氧化合物和碳水化合物，在受到紫外线的作用后形成复杂的二次生成物。二次生成物里的氧化剂（Oxidant），在特殊的气象条件下形成烟雾状态，使人产生眼部刺激、喉咙疼痛等症状。这种烟雾就是所谓的"光化学烟雾"。

1970年7月，东京立正高中43名女学生出现了眼部刺激、喉咙疼痛等症状。由于有呼吸困难、四肢痉挛等严重症状，因此认为是因光化学烟雾所致。事件发生之后，由光化学烟雾引起的症状在东京周边地区也相继出现。尤其是在进入了1971年的夏季以后，除东京周边外，大阪湾以及爱知县等地区也出现了类似的受害情况。光化学烟雾发生的地区逐步扩大。

除了光化学烟雾污染外，烟尘污染也十分严重。日本三重县四日市矶津地区的居民，对6家联合企业排出烟尘致使附近居民发病一事，向法院提起诉讼。作为煤烟公害而被法院审理的该诉讼引起了全国的轰动。

二、日本国内的环境对策

（一）民众环保维权运动

面对日趋严重的环境污染，日本民众开始了保护生存环境的各种维权运动。民众坚持不懈的斗争，形成了日本国民最初的环境保护意识，对于后来日本取得世界瞩目的环保成绩功不可没。

1. 东京湾渔民的抗议活动

1958年4月，东京市本州制纸公司下属的江户川工厂，将工业废水排入江户河中。江户河上的各个渔业协会要求工厂对污水实施净化，并且要求市政府妥善处理江户川工厂的污染事故。5月24日，东京湾的渔民约1000人乘船在江户川工厂附近举行抗议游行。随着工厂的继续排污，事态逐步恶化。6月10日，千叶县渔民约700人到国会以及东京市政府上访，归途中强行拥入江户川工厂内静坐示威，并与赶到现场的警察及工厂的有关人员发生了冲突，以至于酿成重伤35人、轻伤108人的严重事态。6月11日，东京市市长依照公害防止条例，对江户川工厂发出了停止部分生产的警告。此次冲突性事件促使日本国会将《水质污浊防止法》的制定提上了议事日程。

2. 三岛、沼津地区居民反对石化联合企业运动

1963年，日本政府计划在东骏河湾地区建设石油联合企业。1964年3月26日，三岛市市民在政府广场举行了反对石油联合企业的市民大会，并向三岛市市长递交了炼油厂拟建用地所有者的联合签名抗议书。1964年9月13日，沼津市渔民参加反对石油联合企业建设的誓师大会，并开车进行了游行示威。1964年4月，在居民自治会会长联盟临时大会上，一致通过了《绝对反对石油联合企业建设决议》。1964年5月23日，长谷川市市长向市民发表

了拒绝富士石油公司开发建设的声明。至此，三岛市首先成功地拒绝了石油化学联合企业的建设计划。

（二）法律、法规的制定

日本最早的公害防止协议是 1952 年 3 月岛根县与山阳造纸公司以及大和纺织公司分别签订的《备忘录》。该《备忘录》做出了关于工厂应依照县有关部门的技术指导设置排水处理设施，水质不达标禁止工厂生产等规定。之后，不断出台了许多关于保护环境的法律、法规，为形成日后科学的环境法理念夯实了基础。

1. 公害对策法律

1955 年，为了防止由冬季取暖造成的烟害问题，东京市在全国率先制定出台了《煤烟防止条例》。东京市又将《煤烟防止条例》、《工厂公害防止条例》、《噪音防止条例》等 3 个条例合并制定成《东京市公害防止条例》，该条例是东京市相关条例中规模最大，又具实效性的公害防止条例。1962 年 6 月，日本正式制定出台了《煤烟排出限制法》。

1958 年，日本首次制定了《公用水域水质保护法》和《限制工厂排水法》等排水限制法。之后数年，从各种生活设施和工厂排入公用水域的水质逐步得到了改善。

1967 年 7 月，日本制定出台了《公害对策基本法》。该法除规定了经营者具有处理煤烟、污水、废弃物等的责任和义务外，还规定了国家在保护国民健康和生活环境方面的责任与义务以及地方公共团体在防止地方公害方面的责任与义务，还有居民配合实施公害防止对策的责任和义务。

1968 年，日本政府制定出台了《大气污染防止法》。该法对于从固定排放源头（工厂和其他设施）排放，而且飞散出的大气污染物质，规定了其所排放物质的种类以及污染排放设施的种类、规模等。并且要求大气污染物质的排放者必须遵守这个标准。

1968 年 6 月，为了统一工厂生产噪音以及建筑施工噪音的限制标准，促使全国性地推进防止噪音对策，制定出台了《噪音限制法》。

2. 自然环境保护法律

1957 年，在彻底修改 1931 年出台的《国立公园法》的基础上，制定了《自然公园法》。以保护自然景地以及增进人与自然的和谐为目的，将自然公园分为国立公园、国家公园、都道府县立自然公园 3 种类别。该法是有着 80 多年历史的自然环境保护制度，而且划定区域总面积占国土面积的 14%，这些区域成为了日本自然环境保护的核心所在。

1972 年制定了《自然环境保护法》。该法除了提出自然环境保护的理念，规定自然环境保护的基础调查等基本事项以外，还指定了原始自然保护区和自然保护区，以及对保护区的保护限制等。同时，《自然环境保护法》也给予了都、道、府、县在制定关于保护自然环境条例时的法律依据。

3. 合理化生产法律

1959 年，日本制定了《工厂选址法》。该法以健全发展国民经济和改善提高国民的福利水平为目的，对工厂的选址和布局进行调查，对工厂选址和布局的基准进行公布，并依照调查结果或选址和布局的基准要求对不达标工厂进行整改。

（三）行政管理的完善

日趋严重的环境问题也得到了日本中央的重视，数量众多的关于环境保护的法律被国会通过并实施。特别是环境厅的成立，使环境保护在行政管理上实现了一元化，提高了国家在环境保护方面的执行效率，明显缓和了公害问题。

1. 第 64 次国会

1970 年末，在第 64 次国会中修改制定了以《公害对策基本法》为首的14 个法律。其中包括《公害对策基本法》、《海洋污染防止法》、《公害防止事业费经营者负担法》、《大气污染防止法》、《噪音限制法》、《废弃物处理及清扫法》、《水质污染防止法》、《农用地土壤污染防止法》、《自然公园法》、《下水道法》、《涉及人体健康公害犯罪处罚法》、《大雪地带对策特殊措施法》、《道路交通法》、《农药取缔法》。因此，第 64 次国会被称为"防治公害国会"。

2. 环境厅的成立

佐藤荣作首相在 1971 年的施政方针演说中，提出要把公害问题作为今后的重点工作来做。在此施政方针的强有力主导下，当时作为厚生省、通商产业省等各省厅分散的公害限制的行政管理被一元化，并且与涉及自然保护的行政机关以及政府环境行政机关合并后，于 1971 年正式成立了环境厅。环境厅的成立标志着日本的环境保护迈出了历史性的一步。

三、日本的环境保护对我区的启示

循环经济是一种新型的、先进的经济形态，是集经济、技术和社会于一体的系统工程。日本从 20 世纪 50 年代以来，虽然付出了十分惨重的环境代价，但是经过几十年的努力，日本在保护环境、构筑循环型经济社会方面，终于开拓出了具有日本特色的发展之路。事实证明，经济增长的代价并不必然与经济增长本身成正相关变化，增长代价是有拐点的。只有片面追求经济增长，无视代价产生的客观性，又不采取任何积极的防范措施，才会付出沉重的代价。纵观日本战后经济高速发展期的环保历程，对我区有着十分重要的启示意义。

（1）逐步确立科学的环境法理念。日本在战后的最初几十年一直未能摆脱"经济优先"的环境法理念，使得日本曾经一度陷入"公害大国"的困境，但其自1952年签订了《公害防止备忘录》后，逐步在立法上确立了治理环境的基本理念。确立科学的环境法理念更是我区环境保护工作的当务之急，使环境法向注重可持续发展、生态安全保护和国际环境保护的方向发展。并且在对已有法律的修改和新法的制定上，都要贯彻落实科学的环境法理念。

（2）密切关注世界环境法变化趋势。要充分借鉴成功经验，在注重完善我区生态安全法律体系的同时，要密切关注世界环境法的变化趋势，并将世界环境法变化趋势融入我区环境生态安全法律制度之中，修改和制定一系列环境保护的法律制度，为我区生态安全法律制度的构建与完善提供更好的途径。

（3）建立绿色产业结构体系。应该加快我区改善传统产业结构的步伐，优先加强节能、低耗、无污染的高新技术产业的发展，同时加强对传统产业的技术改造。鼓励加工工业集中的地区大力发展技术密集型企业，而将高耗能企业集中到能源充足、资源丰富的地区，同时加强清洁工厂的建设。另外，从农业生产的生态化技术开发和推广入手，建立新兴的生态农业的产业结构体系。

（4）建立绿色技术支撑体系。推动资源节约技术的开发、示范和应用。集中力量支持一批重点行业、重点企业资源节约和综合利用技术改造项目。包括消除污染物的环境工程技术，进行废弃物再利用的资源化技术，生产过程无废少废，生产绿色产品的清洁生产技术。建立绿色技术体系的关键是积极采用清洁生产技术，采用无害或低害新工艺、新技术，大力降低原材料和能源的消耗，实现少投入、高产出、低污染，尽可能把对环境污染物的排放消除在生产过程之中。推行清洁生产技术要密切与产业结构调整相结合，通过清洁生产实现"增产减污"。

（5）在全社会倡导绿色生产、生活方式和文明消费。通过绿色消费教育，引导公众积极参与绿色消费运动，使循环经济的观念深入人心。在消费引导方面，各级政府应起保护环境的表率作用，通过政府的绿色采购、消费行为影响企事业单位和公众。

（杨臣华、祖刚、赵云平、武学林、董淑彦）